Jenkins
kurz & gut

Mario Behrendt

O'REILLY®

Beijing · Cambridge · Farnham · Köln · Sebastopol · Tokyo

Kommentare und Fragen können Sie gerne an uns richten:
O'Reilly Verlag
Balthasarstr. 81
50670 Köln
Tel.: 0221/9731600
Fax: 0221/9731608
E-Mail: kommentar@oreilly.de

Copyright der deutschen Ausgabe:
© 2011 by O'Reilly Verlag GmbH & Co. KG
1. Auflage 2011

Bibliografische Information Der Deutschen Bibliothek
Die Deutsche Bibliothek verzeichnet diese Publikation in der Deutschen Nationalbibliografie; detaillierte bibliografische Daten sind im Internet über *http://dnb.ddb.de* abrufbar.

Lektorat: Christine Haite, Volker Bombien, Köln
Korrektorat: Astrid Sander, Köln
Satz: G&U Language &.Publishing Services GmbH, Flensburg, *www.GundU.com*
Umschlaggestaltung: Karen Montgomery, Boston
Produktion: Karin Driesen, Köln
Druck: fgb freiburger graphische betriebe; *www.fgb.de*

ISBN 978-3-86899-127-7

Dieses Buch ist auf 100% chlorfrei gebleichtem Papier gedruckt.

Für Walter und Rita.

Inhalt

Vorwort 9

1   Einleitung 14
    Was ist Continuous Integration? 14
    Was ist Jenkins? 15
    Die Geschichte 16
    Hudson oder Jenkins – wie soll ich mich entscheiden? 17
    Die Community 18
    Zusammenfassung 18

2   Einrichtung 20
    Installation 20
    Das Jenkins-Verzeichnis 24
    Basis-Konfiguration 25
    E-Mail-Einrichtung via SMTP 31
    Proxy-Server konfigurieren 33
    Abschluss 34

3   Projektarten 35
    »Free Style«-Softwareprojekt bauen 35
    Maven 2/3-Projekt 36
    Externen Job überwachen 37
    Multikonfigurationsprojekt bauen 39
    Kopiere bestehenden Job 40
    Abschluss 42

4   Das erste Projekt **43**
Jobkonfiguration 43
Abschluss 59

5   Der erste Build **60**
Bedeutung im Softwareumfeld 60
Build starten 61
Build-Abschluss prüfen 62
Build auswerten 63
Metriken generieren und publizieren 64
Erfolgreichen Build markieren 78
Abschluss 79

6   Komplexe Builds mit Apache Ant **80**
Voraussetzungen 80
Installation 81
Befehlsübersicht 83
Dateien komprimieren 87
Der Exec-Task 88
Umgebungsvariablen 91
Abhängigkeiten zwischen den einzelnen Targets 93
Phing 94
Abschluss 95

7   Benachrichtigungen **96**
E-Mail (Standard) 96
RSS 98
Instant Messaging 99
Short Messaging Service (SMS) 99
Mobile Benachrichtigung 100
Desktop 101
Sonstige 102
Abschluss 105

8   Automatisiertes Deployment **106**
Anwendung auf Jenkins-Seite 106
Verwendung von Deployment-Werkzeugen 107
Alte Schule 107
New Kids on the Block 113
Abschluss 121

9   Multikonfigurationsprojekte **122**
Einrichtung 123
Multikonfigurationsprojekt bauen 126
Auf Werte innerhalb des Builds zugreifen 127
Abschluss 128

10 Plugins **129**
Plugins installieren 129
Plugins aktuell halten 131
Entfernen von Plugins 132
Erweiterte Einstellungen 133
Interessante Plugins 134
Eigene Plugins schreiben 141
Abschluss 142

11 Verteilte Build-Vorgänge **143**
Was sind verteilte Builds? 144
Einrichtung 144
Knoten deaktivieren 151
Knoten Projekte zuweisen 162
Knoten verwalten und analysieren 164
Abschluss 167

12 Administration und Wartung **168**
Aktualisierungen installieren 168
Jenkins-Backup 172
Jenkins absichern 175

Rechtevergabe 179
Logdateien 182
Nutzungsstatistiken 185
Das Kommandozeilen-Interface 186
Speicherprobleme 188
Remote-API 190
Groovy-Konsole 191
Abschluss 192

Index **193**

Vorwort

An wen richtet sich dieses Buch?

Jenkins kurz & gut richtet sich vor allem an ambitionierte und erfahrene Softwareentwickler, die viel Wert auf hochwertigen Code legen und sich einen automatisierten Prozess wünschen, der schnell Fehler aufdeckt. In Zeiten von Rapid Development und Cloud Computing ist es wichtig, einen zentralen Server zu haben, der nach jedem Commit, oder über Nacht, Ihren Code testet, analysiert, packetiert und gegebenenfalls auch deployt. Ein automatisierter Prozess wie Continuous Integration (CI), zu deutsch kontinuierliche (regelmäßige) Integration, stellt neben der genannten Sicherung der Codequalität eine erhebliche Zeitersparnis dar. Dies sollte sowohl für Unternehmen wie auch für Freiberufler interessant sein, da beide von den genannten Vorteilen profitieren werden.

Weder Jenkins noch dieses Buch sind auf eine bestimmte Programmiersprache beschränkt. Theoretisch kann so gut wie jedes Projekt auf einen Continuous Integration-Server überführt werden. Die Beispiele in den folgenden Kapiteln werden sich allerdings auf einige mir bekannte Sprachen beschränken, um die Korrektheit der Informationen zu gewährleisten. Sie sind zudem so einfach gehalten, dass sie ohne Schwierigkeiten, falls sinnvoll, in die Ihnen bekannte(n) Sprache(n) portiert werden können.

Vorkenntnisse

Sie müssen kein langjähriger Systemadministrator sein, um einen Continuous Integration-Server einzurichten, allerdings setzt dieses Buch zumindest grundlegendes Wissen über eine Unix-Shell sowie den elementaren Umgang mit Java voraus.

Außerdem ist der Einsatz einer Versionsverwaltung, in meinem Fall etwa Subversion und Git, sehr zu empfehlen. Sollten Sie noch kein Versionierungswerkzeug verwenden, möchte ich Ihnen hiermit dringend dazu raten, da es nicht nur den Entwicklungsprozess, vor allem in Teams, sondern auch den Umgang mit einem Jenkins-Server stark vereinfacht und als Grundlage dessen dient. Neben den genannten Vertretern gibt es noch eine Vielzahl von weiteren Versionsverwaltungssystemen wie Mercurial, Bazaar und das etwas in die Jahre gekommene CVS. Der aktuelle Trend geht klar in Richtung Git – initiiert von Linus Torvalds, dem Vater von Linux.

Um die Vorteile eines CI-Servers nutzen zu können, sollten Ihre Projekte außerdem am besten mit Tests und Ähnlichem ausgestattet sein. Daher sollten Sie in der Lage sein, eben solche zu implementieren. Kenntnisse über Werkzeuge für das Erstellen von Metriken sowie Analyse-Tools können ebenfalls nicht schaden.

Themen in diesem Buch

Im Zuge mehrerer größerer PHP- und Ruby-Projekte entschloss ich mich, mich dem Thema Continuous Integration zu widmen. Nach einiger Recherche fiel die Wahl des Werkzeugs auf den auf Java basierenden Server Jenkins. Dieser wird zurzeit neben CruiseControl und Bamboo am häufigsten verwendet und ist der De-facto-Standard im Bereich kontinuierliche Integration.

Neben dem großen Verbreitungsgrad war mir wichtig, dass verschiedene Build-Tools wie *Apache Ant* oder *Maven* nativ unterstützt werden. Weiterhin sollte das Projekt Open Source sein und somit frei weiterentwickelt und durch die Community gestützt werden. Jenkins erfüllt alle diese Eigenschaften perfekt, der Quellcode ist öffentlich für jeden einsehbar auf der Social Coding-Webseite Github.com verfügbar (*http://github.com/jenkinsci/jenkins*).

Dieses Buch versucht Ihnen in vielen kleinen Kapiteln den Sinn und Zweck eines Continuous Integration-Prozesses sowie die einfache Implementierung eines solchen näherzubringen. Anhand praxisnaher Beispiele wird der Umgang mit Jenkins erklärt, um rasche Erfolge verbuchen zu können. Viele schreckt die Einrichtung eines solchen Servers ab, da oft das Hintergrundwissen für die Administration fehlt. Zahlreiche Unternehmen nutzen auch in der modernen Softwareentwicklung weiterhin nicht die Vorzüge von Continuous Integration, obwohl es dank Werkzeugen wie Jenkins sehr einfach geworden ist, einen solchen Prozess umzusetzen.

Die Hürde des Einstieges wird Ihnen in den folgenden Kapiteln genommen, womit Sie ohne Probleme innerhalb kürzester Zeit einen vollwertigen, funktionsfähigen Continuous Integration-Server Ihr Eigen nennen können.

Alle Beispiele wurden sowohl auf Mac OS X, Windows und verschiedenen Linux-Distributionen wie Ubuntu und Fedora getestet. Dennoch kann es sein, dass einige Optionen nach dem Erscheinen dieses Werks nicht mehr vorhanden sind, umbenannt oder geändert wurden. Bitte haben Sie Verständnis, sollte der ein oder andere Befehl nicht mehr korrekt sein.

Zu beachten gilt auch, dass dieses Buch kaum alle Möglichkeiten von Jenkins aufzeigen kann und will. Jenkins versteht sich auch vielmehr als eine Basis, die Ihnen ermöglicht, jegliche Art von Prozess, Test, Metrik oder Sonstigem zu nutzen – die Grenzen liegen höchstens in Ihrer Fantasie.

Weiterführende Informationen

Wie bereits beschrieben stellt dieses Buch lediglich eine Kurzreferenz dar. Sollten Themen nicht enthalten sein oder sollten Sie auf Probleme stoßen, kann ich Ihnen die folgenden Anlaufstellen empfehlen:

- Die offizielle Jenkins CI-Webseite mit einer Fülle von Informationen, inklusive den Download-Links, einem Bugtracker und einem sehr guten Wiki: *http://www.jenkins-ci.org*
- *Jenkins – The Definitive Guide*, erschienen im O'Reilly Verlag (ISBN 978-1-4493-0535-2)
- Den Quellcode auf Github: *http://github.com/jenkinsci/jenkins*
- Jenkins auf Twitter: *http://twitter.com/#!/jenkinsci*

Wenn Sie mit PHP arbeiten, möchte ich Ihnen das Template von Sebastian Bergmann (unter anderem Entwickler von *PHPUnit* und *PHP_CodeSniffer*) ans Herz legen: *http://www.jenkins-php.org*

Typographische Konventionen

In den folgenden Kapiteln werden vermehrt Ausschnitte aus Kommandozeilen sowie Codeschnipsel und Ähnliches auftauchen. Um Ihnen das Lesen zu erleichtern, wurde eine spezielle Konvention verwendet:

Kursiv
    URLs, Programmnamen, Dateinamen und neu eingeführte Begriffe werden kursiv gesetzt.

`Nichtproportialanschrift`
    Dient zur Kennzeichnung von Codebeispielen und Kommandozeileneingaben.

Fett

Fett markierte Texte enthalten wichtige Informationen, die von größerer Bedeutung sind.

Danksagung

An dieser Stelle möchte ich mich bei der Firma Netresearch GmbH & Co. KG bedanken, die mich tatkräftig bei der Erstellung dieses Buches unterstützt hat. Ich hatte die Gelegenheit, einen Teil meiner Arbeitszeit für Recherche und das Schreiben einiger Kapitel zu verwenden. Ohne diese Möglichkeit hätte dieses Projekt aufgrund meines vollen Terminkalenders wohl einige Zeit länger gedauert. Vielen Dank und weiterhin viel Erfolg!

## KAPITEL 1

Einleitung

Was ist Continuous Integration?

In der heutigen Zeit ist es wichtiger denn je, qualitativ hochwertigen und sauberen Code zu schreiben. Anwendungen werden teilweise von Millionen Menschen genutzt und müssen daher extrem stabil und bestenfalls testgetrieben programmiert werden. Unsauberer und schlecht strukturierter Code lässt die Entwicklungsgeschwindigkeit leiden sowie das Potenzial von Fehlern und die damit verbundenen Folgen ansteigen.

Je umfangreicher und komplexer ein Softwareauftrag ist, desto wichtiger ist es dem Kunden, das Ergebnis anhand messbarer Größen wie Metriken, der Testabdeckung oder Ähnlichem selbst überprüfen zu können. Es geht also nicht mehr nur darum, möglichst viele tolle Features zu implementieren – die Codequalität muss transparent und überprüfbar sein. Über Länder verteilte Entwicklerteams machen es erforderlich, dass sich alle Beteiligten an dieselben Standards halten und ihren Codebeitrag sinnvoll und nach Absprache strukturieren. Und je mehr Entwickler beteiligt sind, desto wichtiger werden Test-Frameworks, um sofort über Erfolg und Misserfolg der letzten Änderung im Bilde zu sein. Schließlich kann kein einzelner Entwickler mehr den kompletten Code überblicken und garantieren, dass seine Änderungen keine Auswirkungen auf andere Stellen der Applikation haben.

Um diese Arbeit computergesteuert und fortlaufend durchführen zu können, wurden Continuous Integration-Server entworfen. Der Prozess der kontinuierlichen Integration beschreibt das ständige Bauen, Testen und Analysieren von Software – basierend auf einem Zeitplan oder etwa getriggert durch Commits von Entwicklern. Sinn und Zweck dieses Arbeitsablaufs ist es, dem Entwickler frühzeitig Fehler und Probleme im Code mitzuteilen und somit schnelle Abhilfe zu schaffen. Neben der Codequalität und der Stabilität der Applikation erhöht sich so auch ihre Wartbarkeit um ein Vielfaches.

Da diese Rahmenbedingungen in der Zukunft vermehrt an Bedeutung gewinnen werden, sollten Sie schon jetzt auf den richtigen Zug aufsteigen und Ihren ersten Jenkins-Server einrichten und davon profitieren.

Was ist Jenkins?

Jenkins ist ein in Java geschriebener Continuous Integration-Server, der unter der *MIT-* beziehungsweise *Creative Commons Attribution Share Alike*-Lizenz verfügbar ist. Das Programm gilt als der De-facto-Standard unter CI-Servern, wobei gerade im Bereich von Java und Webapplikationen die Akzeptanz enorm hoch ist. Vor allem die einfache Administration sowie die kostenlose Verfügbarkeit in Verbindung mit dem Grundgedanken von Open Source sind wichtige Faktoren für den Erfolg des Systems.

Die grundlegenden Eigenschaften, die einen Jenkins-Server ausmachen und auch teilweise von anderen Anwendungen unterscheiden, sind unter anderem:

- Einfache Installation
- Intuitive Bedienung
- REST-Schnittstelle
- Simpler und stabiler Aktualisierungsprozess

- Kompatibilität – so gut wie jede Programmiersprache kann eingerichtet werden
- Flexibilität und Erweiterbarkeit – es existieren Hunderte von Plugins
- Verteilte Build-Vorgänge über mehrere Server (Cloud)
- Kostenlos, frei und Open Source
- Eine hochaktive und professionelle Community

Weiterhin arbeitet Jenkins mit einer Vielzahl von Werkzeugen und Anwendungen zusammen, das es Ihnen erlaubt, so gut wie jedes mögliche Problem sauber zu lösen und in Ihren Continuous Integration-Prozess zu implementieren. Sollte ein Tool einmal nicht unterstützt werden, steht fast immer ein Plugin bereit, das die entsprechende Funktionalität nachrüstet. Das Beste daran: Alle offiziell unterstützten Plugins sind frei und liegen als Open Source vor. Dies ist ein weiterer Beweis für die extreme Aktivität innerhalb der Jenkins-Community sowie deren Größe.

Die Geschichte

Um Sie noch mit etwas Hintergrundwissen auszustatten, bevor es direkt an das Eingemachte geht, werde ich Sie kurz in die Geschichte von Jenkins einführen und Sie über einige wichtige Meilensteine aufklären. Jenkins als solches ist noch ein recht junges Projekt, was aber nicht heißt, dass es noch fehlerbehaftet und in einer Betaphase ist – ganz im Gegenteil.

Begonnen hat alles, als sich Kohsuke Kawaguchi, damals angestellt bei Sun Microsystems, im Rahmen eines Hobby-Projekts daran machte, an einem System zu arbeiteten, das Fehler in seinem Code bemerkte, bevor es seine Kollegen taten. Anfang 2008 erkannte Sun dann den Sinn und vor allem das Potenzial des Projekts und erlaubte Kawaguchi, Vollzeit an seinem Projekt zu arbeiten. Das damals noch als Hudson entwickelte Werkzeug erlangte sehr schnell Bekanntheit und erreichte innerhalb kürzester Zeit einen Marktanteil von über 70%.

Im Jahre 2009 kaufte die Firma Oracle Sun und damit auch deren Technologien wie die Programmiersprache Java und den Continuous Integration-Server Hudson. Zu dieser Zeit waren sehr viele Entwickler unzufrieden mit der Firmenpolitik Oracles und wechselten zu anderen Arbeitgebern. Nachdem Oracle den Entwicklungsprozess und die Ziele von Hudson mehr und mehr entgegen den Vorstellungen der Community änderte, entschieden sich viele Kernentwickler des Servers, angeführt von Kawaguchi, an einem eigenen Fork zu arbeiten.

Da Oracle das Hudson-Projekt weiterhin vorantrieb, entschied sich die Community für einen Namenswechsel zu Jenkins, um sich klar vom Konzernprodukt abzugrenzen. Schnell scharte sich eine große Menge von freien Entwicklern um das Jenkins-Projekt, da Hudson nur sehr langsam und weiterhin extrem strikt weiterentwickelt wurde. In nur wenigen Monaten erreichte Jenkins einen höheren Verbreitungsgrad als Hudson und baut diesen weiterhin stetig aus..

Hudson oder Jenkins – wie soll ich mich entscheiden?

Ob Sie nun Hudson oder Jenkins einsetzen, bleibt Ihnen natürlich frei überlassen. Die Beispiele in diesem Buch sollten aufgrund der gleichen Codebasis auf beiden System funktionieren. Falls Sie bereits über eine funktionsfähige und konfigurierte Hudson-Instanz verfügen, belassen Sie es dabei. Getreu dem Motto »Never change a running system« macht es nur wenig Sinn, die ganze Arbeit über Bord zu werfen. Rund 95% der Funktionen stehen in beiden System nahezu identisch zur Verfügung, sodass sich ein Umstieg nur lohnt, wenn Sie spezielle Features von Jenkins nutzen wollen, auf schnelle Updates angewiesen sind oder Ihr Hudson-Server ohnehin nicht mehr korrekt funktioniert.

Für Neuankömmlinge im Bereich Continuous Integration kann ich dem Titel dieses Buches entsprechend die Installation eines Jenkins-Servers empfehlen. Der Fortschritt ist aufgrund der Community-getriebenen Entwicklung enorm und bereits nach so kurzer Zeit der Abspaltung lässt sich die Tendenz erkennen, dass Jenkins Hudson in Zukunft um einiges voraus sein wird.

Die Community

Um die Einleitung abzuschließen, noch ein kleiner Hinweis auf die Community. Wie bereits erwähnt wird Jenkins ausschließlich von Freiwilligen innerhalb der Open Source-Gemeinschaft entwickelt – es erhält also niemand Lohn für seine Arbeit. Diese Leute arbeiten in ihrer Freizeit an diesem Projekt, weil sie es für etwas Besonderes halten. Daher ist der Enthusiasmus bei der Entwicklung entsprechend hoch, was zu kürzeren Release-Zyklen und schnelleren Updates führt.

Ich finde, dass Jenkins ein perfektes Beispiel für Open Source darstellt und wie ein Projekt von einer kommerziellen Firma übernommen werden und mit einem lose gekoppelten Team zum Marktführer aufsteigen kann. Möchten Sie die Entwicklung von Jenkins unterstützen, kann ich Ihnen nochmals die Github-Adresse des Projekts (*http://github.com/jenkinsci/jenkins*) ans Herz legen. Wie Sie Jenkins durch das Schreiben von eigenen Plugins erweitern können, werde ich in einem späteren Kapitel kurz anreißen.

Zusammenfassung

Sie haben im ersten Kapitel dieses Buchs eine kurze Einführung in Continuous Integration sowie den Jenkins-Server selbst und dessen Geschichte erhalten. Außerdem habe ich Ihnen die atemberaubende Jenkins-Community vorgestellt, die Tag für Tag an der Weiterentwicklung des Projekts arbeitet.

Nun ist es an der Zeit, den Server zu installieren und die ersten Konfigurationen zu tätigen. Jenkins bietet von Haus aus eine enorme Menge von Einstellungsmöglichkeiten sowohl bei der Einrichtung des Servers selbst als auch beim Setup von Projekten. Doch lassen Sie sich von dieser Vielfalt nicht abschrecken, die meisten Funktionen und Parameter sind leicht verständlich und nachvollziehbar.

Im nächsten Kapitel werden wir uns vorerst der Installation des Servers selbst zuwenden und dabei die drei wichtigsten Systeme Linux, Mac OS und Windows besprechen.

## KAPITEL 2

Einrichtung

In diesem Kapitel wird die grundlegende Installation eines Jenkins-Servers sowie eine Basiskonfiguration beschrieben. Die folgenden Schritte sollten für jeden versierten Programmierer nachvollziehbar sein. Wenden Sie sich im Zweifelsfall an einen mit dem System vertrauten Administrator.

WARNUNG

Wie bei jeder Installation und Konfiguration kann es zu Fehlern und damit zu unerwarteten Reaktionen kommen. Daher sollten Sie für die ersten Versuche, falls möglich, nicht direkt einen Liveserver verwenden. Haben Sie keinen Zugriff auf weitere Hardware, bleibt noch der Weg über eine virtuelle Maschine. Hierfür empfehle ich das kostenlose Programm VirtualBox von Oracle. Als Gastsystem bietet sich natürlich das auf dem späteren Liveserver installierte an, um realistische Bedingungen für das jeweilige Szenario zu gewährleisten.

Installation

Die Installation von Jenkins ist auf so gut wie allen Betriebssystemen realisierbar, auf dem eine Java-Laufzeitumgebung installiert ist. Allerdings unterscheiden sich diese teilweise enorm. Im Folgenden gehe ich auf die meistgenutzten Vertreter Linux (Debian/Ubuntu und Red Hat/Fedora), Windows und Mac OS X ein.

Linux

Für die gängigsten Linux-Distributionen ist Jenkins direkt über die Paketverwaltung verfügbar. Hierfür muss lediglich das entsprechende Repository in die Sources übernommen werden, was am Beispiel von Ubuntu auf der Konsole wie im folgenden Beispiel aussehen sollte. Eine Installation über Synaptic oder ähnliche GUIs ist natürlich genauso möglich. Beachten Sie, dass die Backslashs am Ende der Zeilen eine Weiterführung des Befehls markieren, da aufgrund des Buchformats die Zeile nicht komplett abgebildet werden kann.

```
$ wget -q -O - http://pkg.jenkins-ci.org/debian/
                       jenkins-ci.org.key | sudo \
apt-key add -
$ echo "deb http://pkg.jenkins-ci.org/debian binary/" |
                                   sudo tee -a \
/etc/apt/sources.list > /dev/null
$ sudo apt-get update && apt-get install jenkins
```

Nutzer des Paketmanagers Yum unter Red Hat-Systemen wie Fedora und CentOS geben Folgendes ein:

```
$ sudo wget -O /etc/yum.repos.d/jenkins.repo \
http://jenkins-ci.org/redhat/jenkins.repo
$ sudo rpm --import http://pkg.jenkins-ci.org/redhat/
                              jenkins-ci.org.key
$ sudo yum install jenkins
```

Was passiert hier? Für die meisten Linux-Nutzer sollten diese Zeilen vertraut wirken. Zuerst wird der Public Key von der Projektseite geladen und akzeptiert (Zeile 1 und 2). Danach wird das Jenkins-Repository in die Sources-Liste übernommen (Zeile 3 und 4 bzw. nur 3 bei Yum) und zu guter Letzt werden die Paketlisten aktualisiert und die Installation durchgeführt (Zeile 5 bzw. 4).

Das war's. Nach ein paar Sekunden sollte Jenkins komplett installiert sein und bereits laufen. In seltenen Fällen wird der Server nicht automatisch während der Installation gestartet.

Holen Sie dies einfach manuell nach, indem Sie den Service wie bei dem verwendeten System üblich starten. Unter vielen Systemen bringt Sie zum Beispiel folgendes Kommando zum Erfolg.

```
$ sudo service jenkins start
```

Prüfen können Sie das Ergebnis der Installation, indem Sie einen Browser öffnen und die folgende URL aufrufen:

http://localhost:8080

Es sollte nun der Startbildschirm von Jenkins erscheinen, wie in Abbildung 2-1 zu sehen.

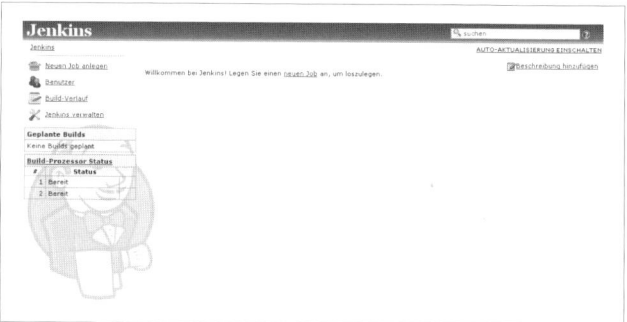

Abbildung 2-1: Startbildschirm von Jenkins

Wenn Sie nicht direkt auf dem Server arbeiten, sondern von einem Client darauf zugreifen, müsste der Aufruf entsprechend der Domain angepasst werden:

```
http://www.domain.tld:8080
```

Wem der Weg über die Paketverwaltung zu schwierig ist oder wer diese aus irgend einem anderen Grund nicht verwenden kann, der sei auf die Internetseite von Jenkins verwiesen, wo es bereits fertige *.deb-* und *.rpm*-Pakete zum Download gibt. Ubuntu/Debian-Pakete sind zum Beispiel hier zu finden: *http://pkg.jenkins-ci.org/debian*

Windows

Da Windows über keine Paketverwaltung verfügt, ist der einfachste Weg, die entsprechende Zip-Datei von *http://mirrors. jenkins-ci.org/windows/latest* herunterzuladen, die einen Windows-typischen Installer mitliefert. Für die weiteren Schritte folgen Sie einfach den Anweisungen auf dem Bildschirm. Die Installation prüfen können Sie genau wie im Abschnitt *Linux* beschrieben.

Mac OS X

Bei der Verwendung von Apple-Computern ist es ebenfalls die beste Variante, die Download-Seite zu verwenden. Für Mac OS wird die folgende URL bereitgestellt: *http://mirrors. jenkins-ci.org/osx/latest*.

Nach der Installation, die wie bei Windows über einen Installer abläuft, muss Jenkins separat gestartet werden, indem die *.war*-Datei (die sich normalerweise in */Applications/Jenkins* befindet) mit einem Doppelklick geöffnet wird. Danach sollten Sie in der Lage sein, über *http://localhost:8080* die Willkommensseite Ihres frisch installierten Continuous Integration-Servers einzusehen.

Das Jenkins-Verzeichnis

Das Wurzelverzeichnis Ihres Jenkins-Servers beinhaltet neben Konfigurationsdateien auch die eigentlichen Builds, jede Menge Logdateien sowie eventuell installierte Plugins. Ich möchte Sie im nächsten Schritt kurz mit der Verzeichnisstruktur vertraut machen und Ihnen die verschiedenen Ordner und deren Zweck erläutern. In der folgenden Tabelle finden Sie die verschiedenen Standardpfade des Verzeichnisses für die in diesem Kapitel bereits besprochenen Systeme.

Betriebssystem	Pfad zum Wurzelverzeichnis
Linux	/var/lib/jenkins
Windows	C:\Programme\Jenkins
Mac OS X	Users/Shared/Jenkins/Home

Wenn Sie sich nun den Aufbau des Verzeichnisses auf Ihrem Server näher ansehen, werden Sie feststellen, dass die Struktur relativ tief und über viele Ebenen gestreckt ist. Im Rahmen dieses Buches möchte ich daher nur kurz in tabellarischer Form die Hauptordner besprechen, um Ihnen einen Überblick über die Struktur zu geben.

Ordner	Beschreibung
jobs	In diesem Ordner finden Sie alle Konfigurationen sowie die eigentlichen Builds der Projekte inklusive dem *Workspace*, in dem der Programmcode Ihrer jeweiligen Applikation liegt.
userContent	Indem Sie Dateien in diesen Ordner ablegen, können Sie diese über die Weboberfläche zugänglich machen. Die URL für den Aufruf lautet *http://domain.tld/userContent/IHRE DATEI*.
users	Wenn Sie das eingebaute Benutzerverzeichnis für das Absichern Ihres Servers verwenden, wie im Laufe dieses Kapitel beschrieben, befinden sich in diesem Ordner die entsprechenden Konfigurationen und Konten für die einzelnen Nutzer.

Gerade für das Anlegen von Backups kann das Grundwissen über den Aufbau sehr wichtig sein. Sehen Sie bitte davon ab,

Dateien manuell innerhalb des Jenkins-Verzeichnisses zu editieren, sofern Sie sich nicht genau über die Folgen im Klaren sind!

WARNUNG

Sollten Sie dennoch aus bestimmten Gründen im Wurzelverzeichnis Ihres Jenkins-Servers Hand anlegen wollen, achten Sie auf die Rechte Ihres Nutzers, vor allem auf Unix-Systemen. Wenn Sie Dateien als Superuser bearbeiten und abspeichern, kann der Server eventuell nicht mehr auf die Dateien zugreifen, was zu fehlgeschlagenen Builds oder sogar schweren Betriebsstörungen führen kann.

Basis-Konfiguration

Obwohl Ihr Server in der Werkskonfiguration bereits vollkommen lauffähig ist, sollten Sie (vor allem wenn die Installation auf einer öffentlich erreichbaren Maschine vorgenommen wurde) einige Anpassungen vornehmen. Im Folgenden werde ich näher auf die Einrichtung einer Benutzerverwaltung sowie weitere administrative Möglichkeiten eingehen.

Benutzerverwaltung

Aktuell ist Ihre Jenkins-Installation für jeden aufrufbar. Dies kann je nach Projekttyp durchaus gewünscht sein, insbesondere Open Source-Programme und Tools wie Jenkins selbst oder das sehr bekannte PHP-Content-Management-System Typo3 bieten öffentlichen Zugang an. Die entsprechenden Jenkins-Instanzen sind über die folgenden Links erreichbar:

- *http://ci.jenkins-ci.org/*
- *http://ci.typo3.org/*

In den folgenden Absätzen werden ich Ihnen die Einrichtung einer geschlossenen Jenkins-Instanz näher erläutern, falls Sie ein abgesichertes Projekt betreiben wollen oder einfach vorerst keinen Zugriff erlauben möchten.

Alle systemübergreifenden Einstellungen sind über den Menüpunkt *Jenkins verwalten* in der linken Navigationsleiste zugänglich. Der wichtigste und vorerst entscheidende Bereich ist *System Konfiguration*. Neben einer Willkommensmeldung, der Anzahl parallel möglicher Build-Prozesse und einigen Umgebungsvariablen findet sich im oberen Drittel die Checkbox *Jenkins absichern*. Sobald diese ausgewählt wird, erscheinen weitere Optionen. Im Lieferumfang sind bereits verschiedene Arten der Zugriffskontrolle enthalten, etwa das allseits bekannte und in vielen Firmen verwendete LDAP oder ein Login über die UNIX-Benutzer/Gruppen sowie Jenkins-interne Benutzerverzeichnisse.

Auf die letztgenannten möchte ich an dieser Stelle näher eingehen. Eine ausführliche Beschreibung der einzelnen Zugriffssysteme sowie deren Einrichtung finden Sie in Kapitel 12 *Administration und Wartung*.

Im Grunde handelt es sich bei der Jenkins-internen Benutzerverwaltung um einen simplen Login auf Dateiebene, wie Sie ihn von Webseiten her kennen. Außerdem kann bei der Auswahl dieses Punktes separat eine Registrierung für Nutzer aktiviert werden, was gegebenenfalls für Open Source-Projekte interessant sein kann. Diese Methode sollte allerdings nur bei einer geringen Anzahl von Nutzern oder für den Anfang genutzt werden.

Nachdem Sie den Typ der Zugriffsverwaltung bestimmt haben, stellt sich noch die Frage der Rechte. In der Basiskonfiguration haben alle Nutzer alle Rechte. Jenkins bietet zudem weitere Optionen wie *Angemeldete Nutzer dürfen alles ausführen* und *Legacy-Authorisierung* an. Der eigentlich spannende Teil sind die Möglichkeiten bei der Verwendung einer Sicherheitsmatrix und einer projektbasierten Zugriffssteuerung. Bei beiden können Sie sehr kleinteilig und genau arbeiten. Benutzern und Gruppen können für jeden möglichen Schreib- und

Lesezugriff Rechte vergeben und entzogen werden. Eine einfache Konfiguration, um Ihnen als Admin den vollen Zugriff zu gewähren und einem Team-Account Lese- und Build-Rechte zu geben, könnte wie in Abbildung 2-2 aussehen.

Benutzer/Gruppe	Allgemein		Slave			Job					Lauf/Build		Ansichten			SCM
	Administer	Read	Configure	Delete	Create	Delete	Configure	Read	Build	Workspace	Delete	Update	Create	Delete	Configure	Tag
👤 m.behrendt	☑	☐	☐	☐	☐	☐	☐	☐	☐	☐	☐	☐	☐	☐	☐	☐
👤 team	☐	☑	☐	☐	☐	☐	☐	☑	☑	☑	☐	☐	☐	☐	☐	☐
Anonymous	☐	☐	☐	☐	☐	☐	☐	☐	☐	☐	☐	☐	☐	☐	☐	☐

Abbildung 2-2: Rechteverwaltung

Sollten Sie bei der Eingabe der Sicherheitsmatrix Benutzer verwendet haben, die noch nicht im System registriert sind und den Haken *Benutzer dürfen sich selbst registrieren* nicht gesetzt haben, werden Sie nach dem Speichern automatisch zu einem *Benutzer registrieren*-Dialog weitergeleitet. Dieser fragt lediglich die grundlegenden Parameter eines Nutzers ab.

Vergessen Sie allerdings bei der manuellen Registrierung von Nutzern nicht, diese auch zukünftig in die Sicherheitsmatrix zu integrieren, da sonst ohne die entsprechenden Rechte nicht einmal ein Login möglich ist.

Direkt nach der Registrierung des Benutzers werden Sie automatisch eingeloggt. Wenn Sie sich nun ausloggen, müssten Sie sofort das neue Login-Formular sehen, womit die Funktionsfähigkeit der Zugriffskontrolle bewiesen wird.

Eine ausführliche Beschreibung zur Absicherung Ihres Jenkins-Servers finden Sie in Kapitel 12 *Administration und Wartung*.

Standard-Port festlegen

Viele Anwender stören sich nach der Installation an der Art des Aufrufs nach dem Schema *host:port* – die Eingabe des Ports ist oft einfach etwas umständlich. Außerdem kann es passieren, dass bereits ein anderes Programm auf dem Jenkins-Standard-Port lauscht und somit die Verbindung überhaupt nicht möglich ist.

Natürlich kann man für solche Fälle in der Konfiguration einen anderen Port als 8080 zuweisen. Leider gibt es zum aktuellen Zeitpunkt keine Möglichkeit, dies innerhalb des Jenkins-Frontends zu realisieren, was einen Eingriff in die Konfigurationsdateien nötig macht. Doch keine Angst: Die Änderungen sind marginal und einfach durchzuführen.

Die besagte Datei liegt, wie nicht anders zu erwarten, nicht bei jedem Betriebssystem am selben Ort. Aus der folgenden Tabelle können Sie die den Pfad zur Konfigurationsdatei für die drei Hauptsysteme entnehmen:

Betriebssystem	Pfad zur Konfigurationsdatei
Linux: Debian-Derivate	/etc/default/jenkins
Linux: SUSE- und Red Hat-Derivate	/etc/sysconfig/jenkins
Windows	C:\Programme\Jenkins\jenkins.xml
Mac OS X	Users/Shared/Jenkins/Home/config.xml und Applications/Jenkins/winston.properties

Wie Sie bereits anhand der Dateiendung sehen, wird der Server auf der Windows-Plattform über eine XML-, unter Linux-Systemen mittels einer flachen Datei konfiguriert. Dennoch ist das Vorgehen für den Wechsel des Standard-Ports relativ ähnlich. Öffnen Sie dazu die entsprechende Datei und suchen Sie nach 8080. Dieser Eintrag sollte jeweils nur ein einziges Mal vorhanden sein. Daher können Sie nun den Port entsprechend Ihren Anforderungen anpassen, indem Sie das Suchergebnis ersetzen. Unter Unix/Linux-Systemen sollte das Ergebnis für den Port 8090 zum Beispiel folgendermaßen aussehen:

```
# port for HTTP connector (default 8080; disable with -1)
HTTP_PORT=8090
```

Unter Windows äquivalent dazu:

```
--httpPort=8090
```

Mac OS-Nutzer sollten in der Datei *winston.properties* suchen, in der *config.xml* befinden sich für den Moment unwichtige Informationen. Sollte diese Datei noch nicht existieren, legen Sie diese einfach an und fügen die folgende Zeile ein:

```
HttpPort=8090.
```

Nach der Änderung reicht ein Neustart des Jenkins-Servers, um das Frontend über den neuen Port aufzurufen.

Neben der Einstellung des Ports innerhalb einer Konfigurationsdatei ist es auch möglich, Jenkins beim Start der *.war*-Datei, falls Sie eine solche direkt verwenden, entsprechende Parameter zu übergeben, um den Port nur bei dieser einen Instanz zu ändern und dies auch nur, solange der Server läuft. Nach einem Neustart ohne den Parameter wäre der Standard-Port wieder aktiv. Die exemplarische Verwendung lautet wie folgt:

```
$ java -jar jenkins.war --httpPort=8090
```

Ein oft anzutreffendes Problem bei der Änderung des Ports ist neben der Wahl des Ports die Verfügbarkeit desselbigen. Stellen Sie daher sicher, dass der von Ihnen hinterlegte Port von etwaigen Firewalls freigegeben ist. Außerdem sollten Sie darauf achten, keine Ports zu nutzen, die bereits von anderen Programmen und Services verwendet werden. In diesem Falle würde Jenkins bereits beim Starten den Dienst verweigern und Sie auf die Doppelbelegung hinweisen.

Eine Ausnahme bilden hierbei Webserver wie Apache. In vielen, vor allem kleinen Firmen sind nicht für jeden einzelnen Service eigene physische Server verfügbar – im Falle von Jenkins und Apache ist dies auch nicht zwingend notwendig. Es ist möglich, über die Proxy-Einstellungen des Apache sowohl den Webserver selbst (inklusive aller eventuell konfigurierten Domains, Subdomains und Pfade) als auch den Jenkins-Server über den üblichen Port 80 anzusteuern, was die separate Angabe eines Ports innerhalb der URL überflüssig macht.

Apache-Anbindung

Mit nur wenigen Zeilen innerhalb der Apache-Konfiguration und ein paar aktivierten Modulen ist das genannte Durchleiten des Jenkins schnell realisierbar. Ich gehe an dieser Stelle davon aus, dass Sie bereits minimale Erfahrung mit der Einrichtung eines Apache-Webservers haben. Sollte dies nicht der Fall sein, kontaktieren Sie bitte einen Administrator – grobe Fehler in der Konfigurationsdatei können zu Downtimes von allen auf dem Server laufenden Webseiten führen.

Öffnen Sie also die Apache-Konfiguration, in der Sie bisher alle Virtual Hosts definiert haben – oder erstellen Sie eine neue Datei, die Sie in den entsprechenden Konfigurationsordner legen (unter Linux-Systemen ist dies oft */etc/apache/sites-available*). Fügen Sie einen neuen Eintrag ein, der im Großen und Ganzen dem Folgenden ähneln sollte:

```
<VirtualHost *:80>
    ServerName ci.domain.tld
    ProxyPass / http://localhost:8080/
    ProxyPassReverse / http://localhost:8080/
    ProxyRequests Off

    <Proxy http://localhost:8080/*>
            Order deny,allow
            Allow from all
    </Proxy>
</VirtualHost>
```

Dieser Schnipsel ist kein Hexenwerk. Es werden lediglich alle Anfragen auf die Subdomain *http://ci.domain.tld* direkt an den Port 8080 durchgeleitet und umgekehrt. Das Kürzel *ci* steht für Continuous Integration und hat sich mittlerweile zum De-facto-Standard entwickelt. Eine weitere häufig verwendete Konvention lautet *coin.domain.tld*. Aber das ist Ihnen natürlich frei überlassen.

Neben der Virtual Host-Konfiguration müssen bestimmte Module, falls nicht bereits geschehen, aktiviert werden, da die Proxy-Einstellungen sonst nicht verstanden werden können.

Die dafür benötigten Module sind *proxy* und *proxy_http*. Linux-Systeme wie Debian verwenden dazu das *a2enmod*-Tool:

```
$ sudo a2enmod proxy
$ sudo a2enmod proxy_http
```

Nach einem Reload des Apache-Servers sollte die neue Subdomain auch schon funktionsfähig sein und Sie auf direktem Wege zu der Jenkins-Instanz führen. Nutzer der *sites-available*-Variante müssen vorher noch den neuen Virtual Host aktivieren.

WARNUNG

Der Standard-Port des Jenkins-Servers muss durch die Konfiguration des Apache-Servers nicht auf 80 geändert werden. Im Gegenteil, bleibt dieser auf 8080 bestehen, ist der Zugriff sowohl über Port 80 als auch über Port 8080 möglich. Dies bringt vor allem den Vorteil, dass weiterhin Einblick in das Frontend möglich ist, auch wenn der Apache aus irgendeinem Grund nicht laufen sollte.

Natürlich gibt es auch die Möglichkeit, einen Jenkins-Server parallel zu anderen Webservern wie NginX zu verwenden, allerdings werde ich aufgrund des Buchumfangs nicht näher auf diese eingehen, da der Apache nach wie vor der meistgenutzte Server im Webumfeld ist.

E-Mail-Einrichtung via SMTP

Um im späteren Verlauf E-Mails von Ihrem Jenkins-Server zu erhalten, wenn eine Benachrichtigung über eine Aktion versandt werden soll, bedarf es meist einer gesonderten Konfiguration. Im Normalfall versucht Jenkins, via SMTP E-Mails über den Server, auf dem die Installation durchgeführt wurde, zu versenden. Dies klappt allerdings leider nur in den wenigsten Fällen automatisch, daher ist etwas Handarbeit nötig.

Als Voraussetzung sollten Sie natürlich Zugriff auf einen SMTP-Server haben. Wenn kein solcher zur Verfügung steht, kann auch ein kostenloser E-Mail-Dienst wie GMail verwendet werden (*smtp.gmail.com*). Öffnen Sie nun über *Jenkins verwalten* die Konfigurationsseite und scrollen herunter bis zur Rubrik *E-Mail Benachrichtigungen*. Geben Sie im Feld *SMTP-Server* den Hostnamen an, auf dem sich der E-Mail-Server befindet. Der zweite benötigte Parameter ist die *E-Mail Adresse des Systemadministrators*, die vom Jenkins-Server als Absenderadresse verwendet wird.

Diese Konfiguration setzt voraus, dass Sie ohne Zugangsdaten E-Mails über den angegebenen Host versenden können. Sollte dies nicht der Fall sein, können Sie über den *Erweitert*-Button weitere Felder freilegen. Indem Sie einen Haken bei *Verwende SMTP Authentifizierung* setzen, erhalten Sie schließlich die beiden Eingabefelder für den *Benutzernamen* und das *Kennwort*.

Die weiteren Parameter wie *SSL* und *SMTP Port* beschreiben sich selbst und sind optional. Ein interessantes Feature versteckt sich hinter dem Feld *Standardendung für E-Mail-Adressen*. Indem Sie hier ein Domainsuffix wie *domain.tld* angeben, veranlassen Sie den Server, E-Mail-Adressen der Nutzer mit dieser Endung zu generieren. Sollten Sie also einen Nutzer namens *foo.bar* angelegt haben, wird diesem automatisch die Adresse *foo.bar@domain.tld* zugewiesen. Da die Namenskonvention vor allem innerhalb von Unternehmen meist durchgängig eingehalten wird, stimmt der Benutzername innerhalb der Versionsverwaltung zusammen mit dem E-Mail-Suffix mit der tatsächlichen Adresse des Nutzers überein. Sollten Sie nicht über eine derartige Konvention verfügen, können und sollten Sie dieses Feld einfach frei lassen. Wenn doch, kann Ihnen diese Konfigurationsoption einiges an Arbeit abnehmen.

Testen können Sie Ihre fertige Einrichtung über den entsprechenden Button am Ende des Formulars. Dieser schickt eine E-Mail an die Systemadministrator-Adresse. Im Fehlerfall präsentiert Ihnen Jenkins eine nette Java Error-Nachricht. Für alle Nicht-Java-Entwickler ist diese meist nur bedingt aussagekräftig – gleichen Sie in solchen Fällen die tatsächlichen Zugangsdaten nochmals mit den eingegebenen ab und testen Sie die Daten in einem E-Mail-Client oder über die Kommandozeile. Oft liegt der Fehler bei der Verwendung eines falschen Ports oder der aktivierten/nicht aktivierten SSL-Verschlüsselung.

Proxy-Server konfigurieren

Ihr Jenkins-Server baut in vielen Situationen eine Verbindung zum Internet auf, sei es um auf aktuelle Versionen zu prüfen oder Plugins herunterzuladen. Dies stellt im Regelfall kein Problem dar, solange die Jenkins-Instanz nicht hinter einer Firewall beziehungsweise einem Proxy betrieben wird, wie es oft bei Firmen der Fall ist. Wenn Sie ohne weitere Konfiguration versuchen, eine Verbindung nach draußen aufzubauen, wird es nur so Fehlermeldungen hageln. Glücklicherweise ist die Einrichtung einer Proxy-Verbindung sehr leicht realisierbar.

Leider ist das dafür vorgesehene Interface etwas unglücklich platziert. Um es aufzurufen, navigieren Sie daher zu *Jenkins verwalten → Plugins verwalten* und öffnen den Tab *Erweiterte Einstellungen*. In der Rubrik *HTTP-Proxy Konfiguration* können Sie nun die entsprechenden Werte für Ihren jeweiligen Proxy-Server eintragen.

Falls Sie Microsofts NTLM-Authentifizierungsschema verwenden, können Sie die nötige Domäne als Präfix vor *Benutzername* angeben, gefolgt von einem Backslash: *Domäne\Nutzername*.

Bei der Einrichtung der Proxy-Verbindung sollten Sie bedenken, dass alle anderen Werkzeuge, die eine Verbindung mit dem Internet aufbauen, ebenfalls entsprechend konfiguriert werden müssen, da die hier eingegeben Parameter ausschließlich vom Jenkins-Server selbst verwendet werden. Naheliegende Vertreter sind zum Beispiel alle Versionsverwaltungssysteme, die nicht auf ein lokales Repository auf demselben Server zugreifen.

Abschluss

Im hinter uns liegenden Kapitel haben Sie erste Einblicke in die Konfiguration eines Jenkins-Servers erhalten. Neben Apache-Anbindung und E-Mail-Benachrichtigungen wurde die Einrichtung eines Proxy-Servers besprochen.

Sowohl die Systemkonfiguration als auch die weiteren Verwaltungs-Tools bieten noch eine Menge weiterer Einstellungsmöglichkeiten. Doch vorerst haben Sie einen lauffähigen und abgesicherten Jenkins-Server inklusive eingerichteter Sicherheitsmatrix. Eine ausführlichere Beschreibung und Nutzung der möglichen Konfigurationsparameter wird im Laufe der kommenden Kapitel folgen. Es ist Zeit, das erste Projekt, den ersten Job und damit hoffentlich den ersten »grünen« Build zu erstellen.

## KAPITEL 3

Projektarten

Die Beschreibung der Projektarten muss an dieser Stelle relativ allgemein bleiben, da sowohl Anforderungen als auch Möglichkeiten und Ziele je nach Projekttyp, Programmiersprache und Rahmenbedingungen unterschiedlich sind. Grundlegend sollten allerdings alle Projekte gleich aufgebaut werden und daher leicht zu portieren sein.

Zur Erinnerung: Ein Jenkins-Projekt muss nicht zwangsläufig eine komplette Webseite oder ein vollständiges Programm sein. Ganz im Gegenteil – häufig wird Continuous Integration auch für Extensions und Plugins verwendet – eine Vielzahl von Android-Apps werden ebenfalls mit Jenkins automatisiert verwaltet.

Über den Link *Neuen Job anlegen* in der Seitenleiste gelangen Sie zum Job-Wizard. Der Jobname ist frei wählbar und sollte prägnant und einzigartig sein, um Missverständnisse zu vermeiden. Die unterschiedlichen Projektarten werde ich im Folgenden näher erläutern.

»Free Style«-Softwareprojekt bauen

Mit dieser Wahl erstellen Sie ein vollkommen neues Projekt, gänzlich ohne weitere vordefinierte Parameter. Neben frischen Projekten bietet sich diese Auswahl ebenfalls für die Erstellung eines Job-Templates an, das nach einmaligem Anlegen beliebig oft als Basis wiederverwendet werden kann, zum Beispiel wenn Sie oft neue Plugins für ein und dieselbe Plattform schreiben. Auch für Anfänger ist dies eine gute Wahl, da die Einrichtung somit von Grund auf erlernt werden kann.

Es klingt zwar nach der meisten Arbeit, da Sie mit einem vollständig leeren Projekt anfangen, allerdings ist dies meist die beste Variante, vor allem auch am Anfang Ihrer Jenkins-Karriere. Sie werden schnell merken, dass nicht annähernd alle Werte und Möglichkeiten ausgeschöpft werden müssen, um ein lauffähiges Projekt zu konfigurieren. Außerdem sind Freestyle-Projekte am flexibelsten und somit am leichtesten auf besondere Bedürfnisse anpassbar.

Später sollten Sie dann wenn möglich auf die angesprochenen Templates zurückkommen, um nicht immer komplett bei Null anzufangen, wenn bereits ein ähnliches Projekt angelegt wurde.

Maven 2/3-Projekt

Wie der Name schon sagt, ist hier das universelle Build-Werkzeug *Maven* im Spiel. Maven ist ebenfalls in Java implementiert und stammt aus dem Hause der Apache Foundation. Es bietet viele Möglichkeiten, Projekte zu verwalten und zu standardisieren, allerdings wird es meist nur bei größeren Vorhaben, vor allem im Java-Bereich eingesetzt. Jenkins verfügt standardmäßig über eine sehr gute Integration dieses Tools.

Mavenbuilds werden über XML-Dateien mit dem Namen *pom. xml* (Project Object Model) konfiguriert. Bei der Auswahl dieses Jobtyps wäre Jenkins in der Lage, eine bereits vorhandene *pom.xml* zu lesen und viele Einstellungen des Jobs in Bezug auf Build-Schritte daraus zu extrahieren. Sie müssen lediglich den Pfad und den Namen der Pom-Datei sowie die zu verwendenden *Goals* angeben. Im Goals-Feld können außerdem auch weitere Maven-eigene Kommandozeilenoptionen übergeben werden.

Dies stellt eine nicht unerhebliche Reduktion des Einrichtungsaufwandes dar – allerdings sollten Sie davon absehen, Ihr Projekt nur in Maven zu überführen, um diesen Vorteil nutzen zu können. Außerdem müssen die meisten grundlegenden Einstellungen dennoch vorgenommen werden, wobei sich das Vorgehen nicht von der Verwendung eines Freestyle-Projekts unterscheidet. Auffallende Differenz ist die Option *Baue dieses Projekt, wenn eine SNAPSHOT-Abhängigkeit gebaut wurde* in der Rubrik *Build-Auslöser*. Jenkins durchsucht dabei die Pom-Datei nach Abhängigkeiten zu anderen Projekten, die ebenfalls unter Jenkins-Kontrolle stehen. Sollte einer dieser Jobs gebaut werden, wird das aktuelle Projekt ebenfalls neu gebaut. Mehr zu Abhängigkeiten erfahren Sie in den folgenden Kapiteln.

In den erweiterten Einstellungen des Build-Schritts finden Sie interessante Möglichkeiten wie das *Inkrementelle Bauen*, das *Parallele Bauen* sowie *Private Maven-Repositories*. Letztere können bei vielen Builds sehr hilfreich sein, da jeder Build ein eigenes lokales Maven-Repository bekommt und somit keine Konflikte untereinander auftreten können.

Nachteilig wirkt sich bei der Verwendung eines Maven-Jobs die reduzierte Flexibilität gegenüber Freestyle-Projekten sowie die bei großen Applikationen verringerte Geschwindigkeit aus.

Externen Job überwachen

Diese Art eines Jobs gibt Ihnen die Möglichkeit, »externe« Tools wie zum Beispiel Cronjobs, E-Mails und Services zu observieren. Viele dieser Dienste sind unbeobachtet und »laufen einfach«. Wenn allerdings Builds fehlschlagen, weil wichtige Tools für den jeweiligen Build nicht funktionsfähig sind, ist es an der Zeit, selbige zu überwachen und den eigentlichen Job nur dann zu starten, wenn auch alle nötigen Services und Programme einsatzbereit sind – ein wichtiger Punkt für einen stabilen und automatisierteren Build-Prozess. In der Praxis führen fehlende oder fehlerhaft konfigurierte externe Werkzeuge oft zum Fehlschlag eines eigentlich sauberen Builds.

Auf der Hand liegen hierbei zum Beispiel Einsatzgebiete wie das Prüfen der Ergebnisse eines Cronjob, der eine Testdatenbank aus dem Livesystem repliziert, ein Selenium-Server für Frontend-Tests einer Webapplikation oder auch das simple Verifizieren auf die Existenz eines Programms. Bekanntlich verderben viele Köche den Brei – da passiert es schnell, dass ein Kollege ein Tool für nicht mehr nötig hält oder die teilweise sehr pragmatisch handelnden Paketverwaltungen ein Paket für überflüssig erachten und beim Upgrade deinstallieren.

Die Konfigurationsoberfläche dieses Projekttyps lässt nicht sehr viel an möglichen Einstellungen zu. Dies liegt daran, dass die eigentliche Einrichtung über die Kommandozeile geschieht. Die Verwendung ist schnell erklärt. Das folgende Beispiel stellt einen beispielhaften Aufruf unter Unix dar:

```
$ export JENKINS_HOME=http://localhost:8080
$ java -jar /jenkinshome/WEB-INF/lib/jenkins-core-*.jar
"Job Name" $app
```

Das Gleiche unter Windows:

```
$ set JENKINS_HOME=http://localhost:8080
$ java -jar \jenkinshome\WEB-INF\lib\jenkins-core-*.jar
"Job Name" cmd.exe /c $app
```

Zuerst wird wieder die Jenkins-URL gesetzt, wobei im obigen Beispiel von einer frei zugänglichen Instanz ausgegangen wird. Sollten Sie Zugriffsrechte eingerichtet haben, können Sie diese im Format *http://user:pw@jenkinspfad.tld* übergeben. Die zweite Zeile startet jeweils ein spezielles *Jar*, welches das *Job Name*-Projekt verwendet und die Anwendung *$app* samt Parameter aufruft. Ein sehr simples Beispiel wäre etwa die Prüfung auf eine installierte Version von Git:

```
$ java -jar .../jenkins-core-*.jar "Monitoring Git"
  git -version
$ # beziehungsweise unter Windows
$ java -jar ...\jenkins-core-*.jar "Monitoring Git"
  cmd.exe /c git -version
```

Das Ergebnis können Sie dann sowohl in der Konsole, als auch über die Weboberfläche begutachten. Je nach Rückgabewert der Shell wird der Job als erfolgreich oder fehlgeschlagen markiert. Um die genannten Kommandos nicht ständig manuell ausführen zu müssen, bietet sich natürlich ein Cronjob oder ein anderes Projekt an, in dem vor dem eigentlichen Build via Shellskript der entsprechende Befehl ausgeführt wird (siehe Kapitel 4 *Das erste Projekt*, Abschnitt *Buildverfahren*).

Multikonfigurationsprojekt bauen

Hierbei handelt es sich um die komplexeste Möglichkeit eines Jenkins-Jobs. Nach der Auswahl dieses Jobtyps ist es möglich, hoch konfigurierbare Jobs zu erstellen, die mittels verschiedener Optionen ein Testen unterschiedlicher Umgebungen erlauben. So wäre es denkbar, ein und denselben Job mit mehreren Datenbanken plattformspezifisch zu bauen. Somit ist es vor allem bei plattformübergreifender Entwicklung, wie es bei Java oder Python oft der Fall ist, möglich, nahezu alle Eventualitäten abzudecken.

Ein weiterer interessanter Anwendungsfall wäre der Test einer Extension für unterschiedliche Versionen der gleichen Software. Nach jedem Commit wäre somit innerhalb kürzester Zeit eine genaue Aussage über die Kompatibilität des Produkts verfügbar.

Als letzten möglichen Anreiz für den Einsatz eines Multikonfigurationsprojekts möchte ich die unter den Webdesignern weitverbreitete Differenz zwischen verschiedenen Browsern anmerken. Durch die Verwendung eines solchen Projekttyps können Sie relativ einfach innerhalb eines einzigen Projekts sämtliche für Ihre Applikation relevanten Browser testen. Eine enorme Zeitersparnis – von den Nerven ganz zu schweigen. Diese Art von Jobs werden im zweiten Teil des Buchs behandelt.

Kopiere bestehenden Job

Hinter dieser Option verbirgt sich ein simples Textfeld, das mittels Autovervollständigung bereits eingerichtete Jobs als Ausgangsbasis für den neu zu erstellenden vorschlägt. Mit solch einem vorkonfigurierten Rohling lässt sich natürlich ein Großteil des Konfigurationsaufwandes sparen.

Achten Sie allerdings darauf, nicht beliebige Jobs von einem bestehenden Job abzuleiten. Dies kann schnell zu einer Art »Copy/Paste« führen, was genau wie in der Entwicklung der Software selbst, nie eine gute Idee ist. Überlegen Sie sich daher vorher genau die weitere Struktur Ihrer Applikation und nutzen Sie gegebenenfalls eher ein Multikonfigurationsprojekt als 20 Jobs, die alle fast identisch sind.

Job-Templates verwenden

Wie bereits kurz angemerkt, verfügt Jenkins über die Option, bereits bestehende Jobs, die noch nicht in der Konfiguration hinterlegt sind, über spezielle Templates zu integrieren. Damit handelt es sich streng genommen natürlich nicht direkt um eine Projektart, allerdings macht es Sinn, diese Möglichkeit im aktuellen Kapitel zu besprechen, da die Einbindung wiederum über den Menüpunkt *Kopiere bestehenden Job* abgewickelt wird.

Als Basis sollten Sie in erster Linie natürlich über ein Job-Template verfügen. Dieses muss nicht einmal selbst erstellt werden, Sie verfügen bereits über Templates, ohne es zu wissen. An dieser Stelle möchte ich kurz auf das nächste Kapitel vorgreifen.

Jeder konfigurierte Job wird innerhalb des Jenkins-Datenverzeichnisses als XML-Datei abgelegt. Diese kann einfach kopiert werden und schon ist der neue Job verfügbar. Es handelt sich hierbei somit um die einfachste und beste Möglichkeit, Jobkonfigurationen zwischen verschiedenen Parteien zu teilen und wiederzuverwenden.

Die angesprochene XML-Datei liegt innerhalb des Jobordners und trägt im Normalfall den Namen *config.xml*, unabhängig vom Namen des eigentlichen Jobs. Eine Möglichkeit wäre es, die Konfiguration eines bereits eingerichteten Jobs zu überschreiben – allerdings nur empfehlenswert, wenn der Job nicht mehr gebraucht wird und Sie sich gerne mit eventuell auftretenden Konflikten beschäftigen möchten. Die sauberere Variante ist das Anlegen eines neuen Ordners mitsamt der Konfigurationsdatei.

```
$ cd $JENKINS_HOME/jobs
$ mkdir NewJobFromTemplate
$ cp pfad/zur/config.xml NewJobFromTemplate
```

Wichtig ist hierbei das Setzen der korrekten Zugriffsrechte, sofern Sie auf einem Unix-System arbeiten. Je nach Einstellung kann der Name des Nutzers abweichen. Orientieren Sie sich einfach an den Inhabern der anderen Jobordner.

```
$ chown -R jenkins:nogroup NewJobFromTemplate
```

Wenn Sie nun die Startseite Ihres Jenkins-Servers neu laden, sehen Sie – keine Veränderung. Da die Instanz die ganze Zeit über weiterlief, muss die Konfiguration erst noch neu eingelesen werden, um den erstellten Job auch verwenden zu können. Öffnen Sie dazu die Jenkins-Administrationsseite über *Jenkins verwalten* und klicken dort auf den Link *Konfiguration von Festplatte neu laden*. Dies veranlasst den Server, alle XML-Konfigurationen neu einzulesen und einen Neustart durchzuführen.

Nachdem dieser erfolgt ist, sollten Sie in der Liste der Jobs bereits einen neuen Eintrag finden, wobei der Name des Jobs dem des Ordners entspricht.

Um nun das Template zu verwenden, wählen Sie einfach *Neuen Job anlegen* in der linken Navigationsleiste und geben im Feld *Kopiere bestehenden Job* den Namen des Templates an. Jenkins wird Ihnen mithilfe von Autovervollständigung Vorschläge anzeigen. Ab dann verläuft die Konfiguration in denselben Bahnen wie ein Freestyle-Projekt, mit dem kleinen Unterschied, dass viele Parameter bereits vorausgefüllt sind, entsprechend den Einstellungen des Templates.

TIPP

Wem das komplette Kopieren der Jobeinstellungen zu viel ist, der sollte sich das *Template Project Plugin* näher ansehen, das in Kapitel 10 *Plugins* näher beschrieben wird.

Abschluss

In diesem Kapitel haben Sie einen grobe Übersicht aller verfügbarer Projektarten erhalten. Wie im Laufe der letzten Abschnitte angemerkt sollten Sie zu Anfang mit einem Freestyle-Projekt beginnen. Später können Sie sich an die weiteren Typen heranwagen. Versuchen Sie sich vor allem mit Templates und Multikonfigurationsprojekten vertraut zu machen, da diese Arten der Projekterstellung meist sehr viel Arbeit und Zeit ersparen können, ohne übermäßig viel Redundanz aufzubauen – eine bedachte Anwendung vorausgesetzt.

Im nächsten Kapitel wird die Einrichtung eines ersten Projekts anhand des Typs Freestyle ausführlich beleuchtet. Die meisten Konfigurationsparameter sind bei allen Projektarten vorhanden und somit überall gleichermaßen anzuwenden.

## KAPITEL 4

Das erste Projekt

Kommen wir nun zum ersten Projekt. Wie bereits im vorherigen Kapitel angedeutet, fällt die Auswahl vor allem zu Anfang meist auf ein Freestyle-Projekt. Nachdem die Auswahl eines Projekttyps getroffen ist und ein Name gewählt wurde, der keine Lettern wie Ausrufezeichen enthalten darf, führt ein Klick auf *OK* zum nächsten Schritt der Einrichtung. Dieser kann je nach der Menge installierter Plugins kürzer oder länger ausfallen, doch dazu mehr in einem der späteren Kapitel.

Jobkonfiguration

Konzentrieren wir uns vorerst auf die Out-of-the-Box-Ansicht, die unausgefüllt wie in Abbildung 4-1 aussehen sollte.

Beim ersten Hinsehen mag diese Masse an möglichen Konfigurationsmöglichkeiten durchaus etwas erschreckend wirken, doch meist müssen nur wenige Teile davon wirklich ausgefüllt werden, um einen ersten lauffähigen Build zu erstellen, so zum Beispiel der Projektname und das verwendete Versionsverwaltungssystem. Schauen wir uns die einzelnen Felder einmal genauer an.

Allgemeine Parameter

Neben dem bereits vergebenen *Projektnamen* kann eine kurze *Beschreibung* angegeben werden, die später auf der Startseite des jeweiligen Projekts angezeigt wird.

Abbildung 4-1: Jobkonfiguration

TIPP

Sie können bei der Beschreibung auch HTML-Code verwenden, um zum Beispiel ein Logo oder Ähnliches einzublenden. Weit verbreitet ist auch die Einblendung von grafischen Statistiken, die im Laufe der einzelnen Builds durch Analyseprogramme erstellt werden. So lassen sich zum Beispiel Diagramme bezüglich Codekomplexität, Codeabdeckung oder den Trend der absoluten Codezeilen einblenden.

Die Option *Alte Builds verwerfen* macht genau, was man vermuten würde – Jenkins löscht selbstständig ältere Builds, um Platz auf der Festplatte des Servers zu schaffen. Je nach Projekt und Firmenpolitik kann dies anhand der absoluten Build-Anzahl oder eines Tageszeitraums geschehen. Bewährt hat sich eine Aufbewahrung von drei Monaten (falls dies die Kapazitäten zulassen) beziehungsweise hundert Builds, was bei einem Build pro Tag nahezu identisch ist. Natürlich können Sie diese Werte frei nach Ihrem Ermessen und vor allem Ihrer Build-Frequenz einrichten.

Sie sollten dieses Feature auf jeden Fall einsetzen, egal für welche Werte Sie sich entscheiden, da es sonst sehr schnell zu unangenehmen Problemen mit mangelndem Speicherplatz kommen kann, die natürlich auch andere auf demselben Server installierte Programme wie Apache oder MySQL behindern könnten.

TIPP

Wichtige Builds können später mit *für immer aufbewahren* markiert werden. Dies schließt den markierten Build für beide Arten von Löschungen aus.

Parametrisierte Builds stellen eine einfache Möglichkeit dar, Variablen für den kompletten Build festzulegen, um diese an verschiedenen Stellen wiederzuverwenden. So könnten spezielle Pfade, Versionsnummern oder Ähnliches angegeben werden. Die Anwendungsgebiete sind vielseitig und ihre vollständige Beschreibung würde den Rahmen dieses Buchs sprengen.

TIPP

Sie können Parameter für einzelne Builds auch über eine URL übergeben, um eventuell verschiedene Parameter zu testen oder dynamische Werte zu nutzen. Das Basisschema hierfür lautet: *http://ci.domain.tld/job/Jobname/buildWithParameters?key=value*. Ein mögliches Beispiel: *http://ci.domain.tld/job/Blog/buildWithParameters?version=0.2*.

Die Checkbox *Projekt deaktivieren* ist ebenfalls selbsterklärend. Der Build wird bis auf Weiteres deaktiviert und erst nach dem Entfernen dieses Hakens werden wieder neue Build-Vorgänge angestoßen.

Diese Option kann sehr nützlich sein, wenn Sie später viele Projekte gleichzeitig laufen lassen und es zu Lastspitzen und einer Verlangsamung des Servers kommt. Oft liegt das Problem in nur einem der Builds (Endlosschleifen, fehlende Programme und Bibliotheken und so weiter). Deaktivieren Sie in einem solchen Fall einfach einen Build nach dem anderen, bis Sie das Problem lokalisieren können.

Weiterhin könnte es nötig sein, ein Projekt zu deaktivieren, wenn es einen Deployment-Prozess einschließt, was zum Beispiel während Migrationen oder bei Problemen auf dem Liveserver zu unvorhersehbaren Reaktionen führen kann.

In neueren Versionen des Jenkins-Servers können Sie die noch in der Betaphase befindliche Funktion *Parallele Builds ausführen, wenn notwendig* aktivieren. Diese veranlasst den Server, Builds ein und desselben Jobs, wenn nötig und möglich, parallel auszuführen. Normalerweise kann dies nur für verschiedene Projekte realisiert werden. Sinn und Zweck dieses Features ist es, Builds, die sehr lange dauern, schneller abzuarbeiten und somit Ressourcen für andere Builds und Projekte freizugeben. Natürlich müssen dazu genügend gleichzeitige Builds in der Warteschlange eines Projekts vorliegen sowie genügend Build-Prozessoren zur Verfügung stehen, um die Abarbeitung zu beginnen.

Durch das gleichzeitige Ausführen eines einzelnen Projekts kann es je nach Anwendung zu Problemen kommen, wenn auf exklusive Ressourcen wie etwa eine Datenbank, eine spezielle Datei oder Ähnliches zugegriffen wird. In solchen Fällen sollten Sie entweder auf das Feature verzichten oder die Ressourcen so verwalten, dass sie von mehreren Jobs gleichzeitig verwendet werden können.

Erweiterte Projekteinstellungen

Durch eine *Ruheperiode* wird der Server angewiesen, einen Build erst nach dem angegebenen Timeout zu starten. Geben Sie hier also 30 Sekunden ein, würde Jenkins nach einem Commit in der Versionsverwaltung nicht sofort den Build starten, sondern eben erst nach 30 Sekunden. Dies kann sinnvoll sein, wenn Sie aufgrund komplexer Abläufe innerhalb der Versionsverwaltung diese Wartezeit benötigen, zum Beispiel Post-Commit-Hooks. Außerdem kann es die Last des Server verringern, wenn sehr viele Prozesse gleichzeitig laufen. Ein weiterer Vorteil dieser Option entsteht durch das folgende Szenario.

Nehmen wir an, Sie arbeiten in einem großen Team und viele Commits gehen in das jeweilige Projekt-Repository ein. Würde die Ruheperiode nur exemplarische drei Sekunden betragen, kann es theoretisch passieren, dass zwanzig Builds innerhalb einer Minute angestoßen werden. Sollte der erste bereits einen Fehler enthalten haben und den Build damit fehlschlagen lassen, können dementsprechend auch alle weiteren Builds nicht erfolgreich abgeschlossen werden.

Damit würde der Server, je nach Konfiguration, innerhalb kürzester Zeit bis zu zwanzig E-Mails an die entsprechenden Entwickler abschicken und sie über die Fehlschläge informieren. Durch eine Wartezeit von vielleicht 60 Sekunden würden wesentlich weniger Builds erstellt werden, und somit weniger Ressourcen verbraucht und weniger E-Mails versendet. Weiterhin besteht die Möglichkeit, dass der Entwickler des ersten Commits den Fehler noch frühzeitig bemerkt und schnell einen kleinen Bugfix-Commit hinterher schickt, den der CI-Server in den nächsten Build einfließen lassen kann. Natürlich handelt es sich um ein hypothetisches Szenario, dennoch sollte der Grundgedanke klar sein.

TIPP

In den Systemeinstellungen unter *Jenkins verwalten* → *Ruheperiode* können Sie einen Standardwert setzen. Dieser wird immer verwendet, wenn Sie innerhalb eines Projekts nicht einen separaten Wert setzen.

Kam es beim Checkout des Codes aus einer Versionsverwaltung zu einem Problem, kann über die Option *Fehlgeschlagene SCM-Checkouts wiederholen* eine feste Anzahl von Versuchen eingestellt werden. Der Wert 0 bedeutet in diesem Fall nicht unendlich, sondern tatsächlich keinen neuen Versuch. Jenkins wartet somit einfach auf den nächsten Commit und versucht dann abermals einen Checkout durchzuführen. Mit den heutigen, modernen Systemen wie zum Beispiel Git sollten solche Fehler allerdings nur in sehr speziellen Fällen auftreten. Oft liegt das Problem an Merge-Konflikten, die auftreten, weil Dateien per Hand auf dem Jenkins-Server geändert wurden (was natürlich eigentlich ohnehin tabu ist, von vielen aber dennoch gemacht wird, um eine Differenz bei Tests und Ergebnissen zwischen Jenkins und einem anderen Server oder einer lokalen Entwicklungsmaschine zu analysieren).

Mit *Build blockieren solange vorgelagertes Projekt gebaut wird* kann das gleichzeitige Ausführen von bestimmten Jobs unterbunden werden. So wäre es möglich, dass mehrere Jobs durch einen einzigen Commit gleichzeitig angestoßen werden. Da dies in einigen Fällen zu Problemen führen kann, ist dieses Feature Gold wert.

Achten Sie allerdings darauf, nicht zu viele Builds nachzulagern und damit eine Rekursion aufzubauen. Im schlimmsten Fall ist Ihr Continuous Integration-Server Tag und Nacht beschäftigt, da stets nur ein einzelner Job ausgeführt wird.

Zu guter letzt besteht die Möglichkeit, das *Verzeichnis des Arbeitsbereichs anzupassen*. In der Standardkonfiguration legt Jenkins für jeden Job einen eigenen Ordner an, der genauso heißt wie der Job selbst. Dies kann problematisch werden, wenn viele Sonderzeichen und Ähnliches ins Spiel kommen, und dabei Kompatibilitätsprobleme in der Verzeichnisstruktur aufwerfen. Mit dieser Option können Sie einen klar definierten Verzeichnisnamen angeben, an den sich Jenkins bei den späteren Builds halten wird.

TIPP

Ein weiterer Vorteil dieser Methode ist das unkomplizierte Umbenennen des Jobs. Wenn Sie sich bei der Angabe des Verzeichnisses eine saubere Struktur überlegt haben, können Sie im Nachhinein Jobnamen (zum Beispiel aufgrund von Namensänderungen und Versionssprüngen) problemlos anpassen, ohne sich Gedanken über die Dateistruktur auf dem Server machen zu müssen. Somit bleiben auch eventuell gesetzte Symlinks weiterhin funktionsfähig.

WARNUNG

Wenn Sie diese Option in Verbindung mit dem bereits besprochenen parallelen Ausführen von Builds verwenden, kann es dazu führen, dass die Builds innerhalb desselben Verzeichnisses kollidieren.

Source-Code-Management (SCM)

Die Verwendung einer Versionsverwaltung ist für den Einsatz von Jenkins nicht zwangsläufig notwendig, allerdings wird es stark empfohlen und vereinfacht Ihnen das Leben mit Continuous Integration enorm. Im Lieferumfang sind bereits Adapter für die zwei (sehr) alten und bekannten Vertreter des Source-Code-Managements *Subversion* und *CVS* enthalten.

Ich werde hierbei gezielt nur auf die Subversion-Einrichtung eingehen, da CVS nur noch sehr selten eingesetzt wird. Grundlegend ist die Art und Weise der Einrichtung allerdings ohnehin gleich. Unter CVS stehen natürlich einige andere Konfigurationsoptionen bereit, allerdings sind die meisten bei beiden System ohnehin vorhanden oder ähnlich.

TIPP

Das seit einigen Jahren immer mehr an Bedeutung gewinnende Tool *Git*, das auch schon zu Beginn des Buches angesprochen wurde, ist leider in der aktuellen Version von Jenkins nicht Out-of-the-Box verfügbar, kann allerdings sehr leicht über ein Plugin nachinstalliert werden. Da es sich um eine Erweiterung handelt, werde ich die Verwendung hier nicht näher erläutern, sondern in Kapitel 10 *Plugins* näher darauf eingehen.

Im Feld *Repository URL* können Sie, wie von vielen anderen Programmen bekannt, eine URL zum SVN-Verzeichnis hinterlegen. Ihr Aufbau erlaubt neben der Angabe des eigentlichen Pfades auch die Selektion nach Branch oder einer bestimmten Revision. Um eine exakte Revision zu nutzen, können Sie den aus Subversion bekannten @-Selektor verwenden. Ein Beispiel könnte wie folgt aussehen.

http://svn.domain.tld/repos/projekt1@1298

Dieser Befehl checkt explizit die Revision 1298 aus. Da es sich um eine fixe Zahl handelt, sollten Sie beachten, dass die Revision sich niemals ändern wird. Dies ist in den meisten Fällen nicht erwünscht, da somit keine Änderungen mehr in den Code einfließen. Größtenteils werden Sie mit der HEAD-Revision arbeiten wollen, die nicht ausdrücklich angegeben werden muss.

Unter *Lokales Modulverzeichnis* kann der relative Pfad angegeben werden, in den Jenkins den Code auschecken soll. Dies kann vor allem bei vieldeutigen Namen hilfreich sein, da es sonst zu Konflikten kommt. Wird dieses Feld leer gelassen, kommt das Standard-Subversion-Verhalten zum Tragen: Der letzte Teil der URL wird als Ordnername verwendet.

Die *Checkout-Strategie* ist ein sehr interessanter und wichtiger Punkt. Sie sollten sich diesen Wert genau überlegen. Eventuell variiert die Strategie von Projekt zu Projekt, da aufgrund von Unterschieden in der Struktur des Codes oder der des Teams unterschiedliche Verfahren Sinn ergeben. Aktuell stehen die folgenden vier Techniken zur Auswahl, wobei immer nur eine verwendet werden kann:

Strategie	Anmerkung
svn update, so oft es geht	Dies ist die Standardeinstellung – sie sollte bevorzugt eingesetzt werden, da dieses Vorgehen am schnellsten ist, allerdings bleiben Artefakte der vorherigen Builds bestehen.
Immer neue Kopie auschecken	Durch diese Wahl erzeugen Sie bei jedem Checkout eine neue Kopie des Repository. Das beugt Konflikten vor, wirkt sich allerdings äußerst negativ auf den Speicherplatz aus.
Sauberen Checkout durch Löschen anstreben	Diese Option löscht alle lokalen unversionierten Dateien und führt danach ein Update aus. Sie ist hilfreich, wenn es öfter zu Änderungen direkt im Jenkins-Verzeichnis kommt (manuell oder aufgrund von Änderungen durch Builds).
Revert vor svn update	Damit führen Sie einen kompletten Revert auf der Kopie aus – die beste Strategie, um stets saubere Builds zu gewährleisten. Dieses Vorgehen benötigt allerdings eine längere Laufzeit als das einfache Update.

Unter *Repository Browser* können Sie ein Web-Tool auswählen, das den Subversion-Codebaum grafisch darstellt. Bei den meisten Kandidaten ist lediglich eine externe URL zum Codebrowser erforderlich. Wenn Sie den Standardwert *(Auto)* beibehalten, versucht Jenkins, selbstständig den entsprechenden Codebrowser aus anderen Jobs abzuleiten. Dazu muss natürlich vorher ein anderer Job erstellt worden sein, der das gleiche Versionsverwaltungssystem nutzt und dessen Verbindung bereits vollständig konfiguriert und erfolgreich hergestellt wurde.

TIPP

Jenkins selbst bietet bereits von Haus aus über das Webfrontend die Möglichkeit, den Code zu durchstöbern, allerdings ohne Subversion-Integration für Branches oder Revisionen. Für das simple Überprüfen ist es aber vollkommen ausreichend. Der angezeigte Code entspricht dabei der aktuell ausgecheckten Kopie, da es sich um eine Repräsentation der Verzeichnisstruktur auf dem Server handelt. Einsehbar ist diese über den Link *Arbeitsbereich* auf der jeweiligen Projektdetailseite.

Der darunter befindliche *Erweitert*-Button eröffnet Ihnen einige weitere Einstellungen wie *Ausgeschlossene Bereiche* und *Ausgeschlossene Committer*. Alle Felder erwarten die entsprechenden Einträge separiert durch einen Zeilenumbruch. Um zum Beispiel keine neuen Builds auszulösen, wenn Bilddateien und Flash-Filme verändert wurden, können Sie folgenden Eintrag verwenden:

```
/projekt1/public/.*\.jpg
/projekt1/public/.*\.jpeg
/projekt1/public/.*\.gif
/projekt1/public/.*\.png
/projekt1/public/.*\.swf
```

Um mehrere Committer auszuschließen, müssen deren vollständige Subversion-Benutzernamen angegeben werden.

```
m.behrendt
max.mustermann
```

Eine weitere Möglichkeit, Commits auszuschließen, ist durch Commit-Kommentare. Das Textfeld erwartet reguläre Ausdrücke, die dann bei jedem Commit angewandt werden. Sollte nur ein Teil eines Kommentars auf einen der angegebenen Ausdrücke zutreffen, wird der Commit übersprungen und es wird kein neuer Build initialisiert. Denkbare Muster wären etwa:

```
[a-zA-Z]*@@[a-zA-Z]*
(image|picture)
[:alnum:]*noCI
```

Alle drei würden auf verschiedene Teile des folgenden Commit-Kommentars anspringen.

```
#106: Changed image size @@noCI
```

Somit wäre es wie im Beispiel zu sehen möglich, als Entwickler Commits explizit als nicht relevant zu markieren. Außerdem könnten somit Commits abgefangen werden, die bestimmte Bezeichner, in diesem Fall @@, oder besondere Wörter wie *Image* enthalten. Die Möglichkeiten sind durch die Verwendung von regulären Ausdrücken enorm. Allerdings sollten Sie versuchen, möglichst wenige solcher Ausdrücke zu verwenden beziehungsweise auf deren Exaktheit zu achten, da sonst eventuell ungewollt Builds nicht ausgeführt werden.

Build-Auslöser

Builds können unter der aktuellen Jenkins-Version mittels dreierlei Triggern gestartet werden. Zum einen besteht die Möglichkeit, ein Projekt an ein anderes zu koppeln und auszuführen, sobald dieses **erfolgreich** beendet wurde. Ein weit verbreitetes Einsatzgebiet für diese Art des Auslösens ist das Deployment. Nachdem das Projekt erfolgreich gebaut wurde, wird automatisch der Deploy-Build gestartet, der die Änderungen direkt an den Kunden oder einen Staging-Server liefert. Nähere Informationen zum Thema Deployment erhalten Sie in Kapitel 8 *Automatisiertes Deployment*.

Zeitgesteuert starten ist die perfekte Option, um die bekannten »Nightly Builds« zu bauen. Natürlich können auch mehrere Builds pro Tag oder sogar pro Stunde und Minute angestoßen werden. Jenkins erwartet in dieser Textbox einen Wert, wie ihn auch Cronjobs verwenden.

Dieser setzt sich aus einem String zusammen, der aus fünf Kennzeichen besteht, die nach dem folgenden Muster agieren.

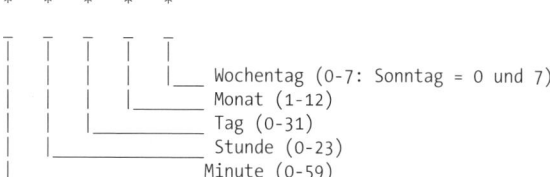

```
  *   *   *   *   *

  |   |   |   |   |
  |   |   |   |   |___ Wochentag (0-7: Sonntag = 0 und 7)
  |   |   |   |_____ Monat (1-12)
  |   |   |_____ Tag (0-31)
  |   |_____ Stunde (0-23)
  |_____ Minute (0-59)
```

Außerdem besteht noch die Möglichkeit, über bestimmte Bezeichner bereits festgelegte Werte abzurufen. Dies mag für ungeübte Nutzer etwas verwirrend sein, daher im Folgenden einige konkrete Beispiele.

Zeitplan	Entspricht
5 * * * *	Immer 5 Minuten nach der vollen Stunde (1:05, 2:05 und so weiter)
*/15 * * * *	Alle 15 Minuten, rund um die Uhr
1 0 1 * *	An jedem Ersten des Monats um 0:01
59 23 * * *	Täglich um 23:59 Uhr (»Nightly Builds«)
@weekly	Einmal pro Woche (äquivalent zu 0 0 * * 0)
@daily	Täglich, entspricht ebenfalls einem Nightly Build
@hourly	Stündlich, jeweils zur vollen Stunde

Da es sich hierbei im Grunde um nichts anderes als Cronjobs handelt, verwenden viele ihren Jenkins-Server als Basissystem für eben solche. Indem Sie ein sehr simples Projekt erstellen, das nur eine einzige Zeile Shellskript ausführt, haben Sie schnell einen Cronjob innerhalb Ihres CI-Servers eingerichtet, der komfortabel über das Web-Interface konfiguriert werden kann. Auch wenn es nicht ganz dem eigentlichen Sinn einer

Jenkins-Installation entspricht, ist es dennoch weit verbreitet und einfach umzusetzen. Außerdem besteht kein Problem in einem solchen Vorgehen.

WARNUNG

Abgesehen von Nightly Build-ähnlichen Projekten sowie den beschriebenen Cronjobs sollten zeitgesteuerte Builds nur sehr selten eingesetzt werden, da sie dem eigentlichen Sinn von Continuous Integration widersprechen. Indem die Ausführung eines Builds auf eine bestimmte Zeit verschoben wird, können Fehler in der Programmierung erst relativ spät erkannt und behoben werden. Entwickler sollten aufgrund der Idee hinter Continuous Integration allerdings so bald wie möglich nach einem Commit über ihre Fehler benachrichtigt werden. Achten Sie also bei der Verwendung dieses Build-Auslösers darauf, ob es wirklich sinnvoll ist, auf dieses Verfahren zu setzen oder nicht.

Source Code Management System abfragen verhält sich genauso wie der oben beschriebene Auslöser für zeitgesteuerte Builds und verwendet ebenso die gleiche Cron-Syntax, um die Zeitsteuerung zu konfigurieren. Allerdings wird beim Auslösen lediglich ein Update des Codes durchgeführt. Nur wenn tatsächlich Änderungen (also neue Commits seit dem letzten Build) vorhanden sind, wird der Build-Vorgang auch gestartet. Diese Möglichkeit kann eingesetzt werden, um die Last auf dem Server zu verringern, indem zum Beispiel nur alle dreißig Minuten auf einen Commit geprüft wird, der Build dann allerdings sofort ausgeführt wird. Das Gleiche kann allerdings auch durch die bereits beschriebene Ruheperiode erreicht werden.

Weiterhin sollte die obige Warnung beachtet werden, da sie für dieses Verfahren gleichermaßen gilt. Es gilt, einen gesunden Mittelweg zwischen Abfragerhythmus und Abstand zwischen Commit und Benachrichtigung zu finden. Im Laufe eines Projekts macht es meist sogar Sinn, diese Werte anzupassen, da die Intensität der Commits meist in Abhängigkeit des Projektstands variiert. Kurz vor einem Release wäre eine tägliche Abfrage nur sehr bedingt zu empfehlen. Nach der Fertigstellung eines Kundenprojekts, das nur noch durch spärliche Wartung Commits erhält, wäre dies wiederum durchaus interessant und nützlich, um die zur Verfügung stehenden Ressourcen für die aktuellen, hoch frequentierten Projekte frei zu halten.

Buildverfahren

Unter dem Punkt *Buildverfahren* lassen sich verschiedene Tools und Programme angeben, die beim Starten des Builds (beim Einsatz einer Versionsverwaltung **nach** dem Checkout) ausgeführt werden. Neben *Ant*-Tasks (wie in Kapitel 6 *Komplexe Builds mit Apache Ant* beschrieben) können hier Maven Goals, Shellskripte und Windows Batch-Dateien aufgerufen werden. Die Angabe eines solchen Parameters hängt ganz von Ihrem Projekt und den vorhandenen Ressourcen ab.

Oft genügt es, ein Shellskript auszuführen. Viele der Beispiele in diesem Buch bedienen sich dieser Möglichkeit. Allerdings kann es ebenfalls sehr interessant und nützlich sein, Ant-Skript auszuführen. Je größer und komplexer Builds werden, desto mehr sollten Sie mit Ant arbeiten. Vor allem, da die XML-Dateien meist in der Versionsverwaltung liegen und somit deren Vorteile ausgenutzt werden können.

Post-Build-Aktionen

In den *Post-Build-Aktionen* kann eine Vielzahl von Tools ausgewählt werden, die **nach** dem **erfolgreichen** Abschluss eines Builds ausgeführt werden. Innerhalb von Maven-Projekten kann sehr viel Arbeit gespart werden, da die einzelnen Schritte meist schon innerhalb der Pom-Datei konfiguriert wurden und somit von Ihrem Jenkins-Server automatisch und ohne weitere Einrichtung eingelesen werden. Die weiteren Optionen sind wiederum genau wie bei Freestyle-Projekten zu nutzen.

Artefakte archivieren bietet Ihnen einen interessanten Weg, innerhalb des Builds erstellte Pakete wie *Zip*-Dateien, Java *Jars* oder andere Binaries zu archivieren. Dies erlaubt es Ihnen, die entsprechenden Dateien zu einem späteren Zeitpunkt komfortabel über die Weboberfläche herunterzuladen. Somit müssen während eines Builds erstellte Dateien nicht noch einmal per Hand erstellt werden, sondern können direkt wiederverwendet werden. Zur Einrichtung müssen Sie lediglich die zu archivierenden Dateien angeben, wobei Sie hierbei Platzhalterzeichen wie den Stern verwenden können.

```
packages/**/*.zip
```

Der obige Eintrag würde alle Zip-Dateien im Packages-Ordner und dessen Unterordner archivieren.

Über *Fingerabdrücke* können Sie Dateien, vorwiegend *.jar*, projektübergreifend kennzeichnen, um herauszufinden, aus welchem Projekt eine vorliegende Datei stammt. Zur Konkretisierung: Stellen Sie sich vor, Sie haben eine Datei namens *0. 10.jar* vorliegen. Offensichtlich handelt es sich um die Version 0.10 irgendeines Projekts. Indem Sie alle *.jar*-Dateien mit einem Fingerabdruck versehen, können Sie feststellen, aus welchem Projekt dieses Programm stammt, sogar welcher Build es erstellt hat. Sie müssen dazu nur in das entsprechende Feld die zu verwendenden Dateien eintragen, wobei Sie hierbei ebenfalls die bereits angesprochenen Platzhalter verwenden können.

Die Option *Javadoc veröffentlichen* bietet Ihnen die Möglichkeit, während des Builds erstellte Javadocs zu publizieren sowie aufzubewahren. Geben Sie dazu einfach den **relativen** Pfad zum Javadoc-Verzeichnis innerhalb des Build-Ordners an. Über den darunter befindlichen Haken können Sie das Aufbewahren der Ergebnisse aktivieren. Dasselbe Prinzip gilt für die Funktion *Veröffentliche Junit-Testergebnisse*.

Indem Sie einen Haken bei *Nachgelagerte Testergebnisse zusammenfassen* machen, veranlassen Sie Ihren Jenkins-Server, alle Tests von nachgelagerten Builds auszuwerten und deren Testergebnisse innerhalb des eigentlichen Builds anzuzeigen, um die Testergebnisse bequem analysieren zu können. Da es durchaus üblich ist, nach dem eigentlichen Build der Software einen nachgelagerten Build anzustoßen, der ausschließlich Tests ausführt, ist diese Funktion überaus interessant.

Um einen nachgelagerten Build zu veranlassen, können Sie den Namen des entsprechenden Jobs innerhalb der Option *Weiteres Projekt bauen* konfigurieren. Nachdem Sie den Haken für die Aktivierung dieser Funktionalität gesetzt haben, können Sie eine kommaseparierte Liste von Projekten eingeben, die ausgeführt werden, sobald der aktuelle Job **erfolgreich** abgeschlossen wurde. Wie bereits beschrieben kann dies nützlich sein, um große Build-Prozesse in kleinere, nacheinander folgende zu unterteilen sowie voneinander abhängige Projekte hintereinander zu bauen.

E-Mail-Benachrichtigungen werden bei instabilen (roten) Builds versendet, um Programmierer und Projektleiter über die aktuelle Stabilität des Projekts zu informieren. Das Textfeld verlangt eine Liste von E-Mail-Adressen, die durch ein Leerzeichen getrennt sind. Ich empfehle, den Haken für *bei jedem instabilen Build senden* zu entfernen und dafür den Haken *Getrennte E-Mails an die »Verursacher«* zu setzen. Bei mehreren fehlgeschlagenen Builds nacheinander kann es sonst schnell in Spam ausarten. Durch diese Konfiguration wird nur der jeweilige »Verursacher«, also der oder die Committer per E-Mail benachrichtigt. Sobald ein Build wieder erfolgreich gebaut werden konnte, schickt Jenkins ebenfalls eine E-Mail an alle Empfänger. Bei weiteren darauffolgenden »grünen« Builds werden keine E-Mails mehr versendet.

Durch die Installation von Plugins kann die Liste von potenziellen Post-Build-Aktionen enorm erweitert werden.

Abschluss

Nach einem Klick auf *Übernehmen* ist das erste Projekt fertig eingerichtet und startklar für den ersten Build. Auch wenn die Konfiguration des ersten Projekts eventuell etwas länger gedauert hat als erwartet oder unvorhergesehene Fehler aufgetreten sind, so können Sie beruhigt sein. Nachdem Sie die ersten Builds durchgeführt haben, sehen Sie die komplette Konfiguration in einem anderen Licht und können beim nächsten Projekt viele Konfigurationsparameter einfach überspringen, da Sie dann über das Wissen verfügen, welche Optionen für Sie wichtig sind und welche nicht.

Im nächsten Kapitel werden Sie den ersten Job bauen und die entsprechenden Ausgaben auswerten. Außerdem widmen wir uns der Erstellung von Metriken und deren grafische Aufbereitung in Form von Diagrammen.

## KAPITEL 5

Der erste Build

Nachdem das erste Projekt angelegt ist, widmen wir uns dem ersten Build-Vorgang. Als Build wird das »Bauen« eines Projekts, in den meisten Fällen einer Software, bezeichnet. Builds werden durch den Jenkins-Server selbstständig fortlaufend benannt sowie deren Ergebnisse separat abgespeichert. Auf jeden Build kann im Nachhinein weiterhin zugegriffen werden, sofern er nicht durch einen Nutzer oder die automatische Bereinigung entfernt wurde.

Bedeutung im Softwareumfeld

Jeder Build stellt einen Snapshot (Schnappschuss) der aktuellen Entwicklung dar. Zum einen gibt es das bereits angesprochene Konzept der *Nightly Builds*, wie sie zum Beispiel bei der bekannten Entwicklungsumgebung Eclipse zum Einsatz kommen. Diese werden, wie der Name schon sagt, jede Nacht gebaut, egal was passiert. Somit können interessierte Anwender ständig mit einer sehr aktuellen Version arbeiten, die praktisch fast auf dem Stand der Entwickler ist. Die Frequenz von Fehlern sei dahingestellt.

Weiterhin arbeiten viele Entwickler mit *Tags*. In diesem Falle ist ein Tag ein spezieller Snapshot, der veröffentlicht und an die Nutzer freigegeben werden soll. Diese gehen meist aus einem erfolgreichen Build hervor. Beim Aufräumen der Historie überspringt der CI-Server automatisch getagte Builds. Somit können Sie schnell und einfach auf die Ergebnisse und den

Stand von bestimmten, wichtigen Builds zugreifen, auch Jahre nach dem Release – eine äußerst praktische Möglichkeit, wenn sich während der Entwicklung Bugs eingeschlichen haben, die nur schwer nachvollziehbar und identifizierbar sind.

Build starten

Wie im Kapitel *Das erste Projekt* bereits angemerkt gibt es verschiedene Arten, Builds zu starten. Neben dem manuellen Klick auf *Jetzt bauen*, stehen Möglichkeiten wie die Abfrage der Versionsverwaltung oder nachgelagerte Vorgänge bereit.

Nutzen Sie zu Beginn am besten die manuelle Methode, da es gerade am Anfang noch zu Fehlkonfigurationen und Problemen kommen kann und es nicht nötig ist, nur für weitere Tests neue Commits abzusetzen.

Öffnen Sie also aus dem Dashboard das gerade angelegte Projekt. Über den Link *Jetzt bauen* in der linken Navigationsleiste wird der Vorgang gestartet. Je nach Auslastung des Servers und der Anzahl der Build-Prozessoren kann der Start etwas auf sich warten lassen. Wenn der Vorgang gestartet wird, erscheint die neue Build-Nummer in der Build-Verlaufliste direkt unter dem Menü, ähnlich wie in Abbildung 5-1.

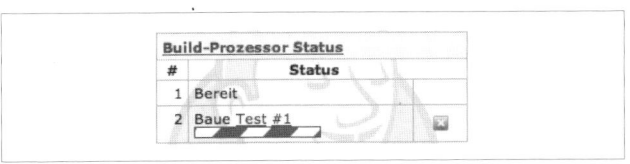

Abbildung 5-1: Build-Verlauf

Mit einem Klick auf den Build selbst können Sie sich nähere Informationen über denselbigen anzeigen lassen. Vor allem die *Konsolenausgabe* ist in den meisten Fällen höchst interessant, da oft Fehler bei der Konfiguration nur hierüber erkannt und analysiert werden können.

Die *Konsolenausgabe* ist genau das, was man vermuten würde – die Ausgabe der Shell wird einfach in Ihrem Browser ausgegeben.

TIPP

Sofern Sie die Skriptsprache JavaScript in Ihrem Browser aktiviert haben, wird die Konsolenausgabe automatisch während der Laufzeit des Build-Vorgangs aktualisiert, sobald es neue Informationen gibt. Wenn der Build abgeschlossen ist, lautet die letzte Zeile meist »Finished: SUCCESS« oder »Finished: FAILURE«. Der ständige Reload der Seite ist somit nicht nötig.

TIPP

Sparen Sie nicht mit Lognachrichten innerhalb Ihrer Build-Skripte, da Sie auch nach dem Build-Vorgang weiterhin Zugriff auf die Ausgabe haben. Oft kann Ihnen ein gutes Logging während des Builds viel Kopfzerbrechen ersparen.

Build-Abschluss prüfen

Nachdem der Build-Vorgang abgeschlossen ist, wird der Ball, der runde Punkt neben dem Projekt, entsprechend dem Ausgang des Builds eingefärbt. Wie bereits erwähnt, wird der Build automatisch in den Build-Verlauf unter der linken Navigationsleiste eingefügt. Indem Sie auf den entsprechenden Link klicken, können Sie sich nähere Informationen, wie den Grund des Starts ansehen. In diesem Fall handelt es sich natürlich um einen manuellen Start des Bauvorgangs, daher ist diese Information zum aktuellen Zeitpunkt nicht sonderlich relevant. Allerdings werden im Laufe des Projekts andere Ursachen für einen Build-Start auftreten, wie etwa Commits in der jeweiligen Versionsverwaltung oder zeitlich geplante Builds.

In der rechten oberen Ecke der Build-Detailseite befinden sich weitere interessante Informationen und Aktionen, beginnend mit dem Button *Diesen Build unbefristet aufbewahren*. Dieser weist den Jenkins-Server an, bei der automatischen Bereinigung der Build-Historie, die Sie eventuell innerhalb der Projektkonfiguration eingestellt haben, diesen Build unangetastet zu lassen. Vor allem, wenn der Build bestimmte Fehler und andere Informationen beinhaltet, auf die Sie gerne im Projektverlauf weiterhin zugreifen möchten, bietet sich diese Möglichkeit an. Der zweite Button führt das sofortige Löschen des Builds aus. Nach dem Bestätigen des Löschvorgangs wird jeglicher Hinweis auf den Build aus der Historie gelöscht – unwiederbringlich. Übrigens wird die fortlaufende Build-Nummer durch das Löschen eines Builds nicht beeinträchtigt, auch wenn es sich um den neuesten Build handelt.

Eine weitere interessante Information ist der Startzeitpunkt sowie die Dauer des Builds, die Sie direkt unter den Buttons ablesen können. Der Link auf der Anzeige der Dauer verbirgt eher unauffällig eine große Menge von weiteren Informationen sowie Diagrammen und Zeitleisten, die Ihnen grafisch sehr schön aufzeigen, wie sich die Dauer der Build-Vorgänge in der Vergangenheit entwickelt hat. Die Zeitleiste kann nebenbei bemerkt vertikal gescrollt werden.

Build auswerten

Die Auswertung fällt in diesem aktuellen Stadium relativ leicht. Wenn Sie nicht bereits eigene Build-Schritte konfiguriert haben, sollte lediglich ein Checkout Ihres Repository durchgeführt worden sein. Somit dürften Sie Ihren ersten »grünen« Build erstellt haben. Glückwunsch! Natürlich handelt es sich hierbei nicht wirklich um einen aussagekräftigen Build, doch das Grundgerüst steht – von nun an können Sie einfach weitere Schritte wie Tests oder Metriken für Ihre jeweilige Programmiersprache implementieren. Wie Sie dies in Verbindung mit Apache Ant realisieren, erfahren Sie später in Kapitel 6 *Komplexe Builds mit Apache Ant*.

Metriken generieren und publizieren

Nachdem ich die statistischen Auswertungen bereits angedeutet habe, möchte ich im Folgenden näher auf deren Sinn eingehen sowie Ihnen einige Tipps an die Hand geben, wie Sie Ihre Metriken richtig lesen und sinnvoll weiterverwenden können.

Am Anfang dieses Buchs habe ich bereits auf die Wichtigkeit hoher Codequalität hingewiesen. Dies kann man nicht oft genug betonen, da es nach wie vor viele Entwickler gibt, denen nicht bewusst ist, wie wenig wartbar ihr Quelltext eigentlich ist und wie viele Probleme nach der ersten Fertigstellung eines Projekts aus diesem Grund noch auftreten. Sehr viel Zeit, die zu Beginn eines Projektes eventuell gespart wurde, indem nicht auf Sauberkeit und Wartbarkeit geachtet wurde, muss im Nachgang investiert werden, um das gesteckte Ziel der Anwendung zu erreichen und Fehler zu beseitigen.

Vielen ist die 80:20-Regel bekannt, oft auch nach dem Erfinder Vilfredo Pareto als Pareto-Effekt bezeichnet. Auf die Rubrik

Softwareentwicklung bezogen besagt diese, dass 80 Prozent der Ergebnisse in 20 Prozent der Arbeit entstehen und umgekehrt. Natürlich stimmen die Prozentsätze nicht immer korrekt, aber es geht auch viel mehr um die Botschaft. Die Erfahrung zeigt, dass viele Projekte am Anfang gut laufen und man sehr schnell vorankommt. Im letzten Drittel des Zeitplans treten allerdings immer mehr Fehler auf und die Zeit wird immer knapper. Vor allem in dieser Phase leidet die Codequalität. Außerdem passiert es häufig, dass bereits funktionierende Features »kaputt repariert« werden oder beim Beheben von Fehlern ein anderes Feature nebenbei lahmgelegt wird.

In solchen Fällen zahlt sich Ihr Jenkins-Server wirklich aus. Sowohl Metriken als auch Unit- und Funtional-Tests sind hierbei der Fels in der Brandung. Durch eine hohe Codeabdeckung, die wiederum als Grafik veröffentlicht werden kann, stellen Sie schnell fest, wann und ob die oben beschriebenen Probleme auftreten und können postwendend reagieren. Natürlich ist mir das Alltagsgeschäft nicht fremd und ich weiß, dass vor allem in Agenturen durch Kunden hoher Termindruck herrscht – bei gleichbleibend hohen Anforderungen an Qualität und Quantität. Deshalb sollten Sie bereits bei der Erstellung eines Angebots Zeit für die Integration des Projekts in einen Jenkins-Build-Prozess sowie für die Erstellung von Unit-Tests einplanen. Test-getriebene Entwicklung bietet sich natürlich wesentlich mehr an, als das nachträgliche Programmieren von Tests, allerdings kann dies oft schlichtweg nicht umgesetzt werden, da das Projekt aufgrund bestimmter Eigenheiten ein solchen Vorgehen nicht oder nur schlecht erlaubt.

Metriken erstellen

Leider kann ich Ihnen im Rahmen dieses Buchs keine kompletten Anleitungen für das Erstellen von Metriken geben, da sich die Methoden, Werkzeuge und Möglichkeiten je nach Programmiersprache, Framework und Art der Anwendung stark unterscheiden. Ich nehme an, Sie haben bereits Erfahrung in der Erstellung von Metriken, basierend auf den von Ihnen eingesetzten Werkzeugen. Wenn nicht, empfehle ich Ihnen ein kurzes Studium der Ihnen zur Verfügung stehenden Optionen. Das Internet bietet hierfür eine ganze Palette von Anleitungen.

Die folgende Tabelle zeigt Ihnen einige kleine Stichpunkte auf, um Ihnen eine Vorstellung zu geben, welche Art von Metriken eigentlich möglich sind. Beachten Sie, dass eventuell noch keine Werkzeuge für die von Ihnen benutzte Sprache bereitstehen. Falls Sie eine Idee haben und kein passendes Tool finden, scheuen Sie sich nicht, ein solches zu implementieren. Die Open Source Community ist wie gesagt gerade im Jenkins-Umfeld äußerst aktiv. Sie werden sicher keine Probleme haben, weitere Mitstreiter zu finden, die Sie bei der Entwicklung eines solchen Helfers unterstützen.

Metrik/Bereich	Kurzbeschreibung
Code Guide/Code Sniffer	Code Guides sind vor allem in der Webentwicklung weit verbreitet. Diese legen fest, wie Code geschrieben sein muss bezogen auf Klammersetzung, Zeilenlängen, Variablennamen und so weiter. Code Sniffer überprüfen diese Guides und melden gegebenenfalls gefundene Abweichungen.
Codezeilen	Neben der Gesamtanzahl von Codezeilen, die sicherlich für den einen oder anderen Programmierer interessant ist, kann vor allem die Größe von Klassen und deren Methoden höchst informativ sein. Klassen mit 5000 Zeilen Code, bestehend aus zwei Methoden, sind alles andere als wartbar.
Copy/Paste-Erkennung	Findet Codezeilen, die eins zu eins kopiert wurden – ein Zeichen für schlechten Code.
Todo Finder	Durchsucht Ihren Code nach den bekanntesten und meist genutzten Todos in Kommentaren wie TODO, @todo oder FIXME.
»Sauerei«-Erkennung	Das im Englischen »Mess detector« bezeichnete Werkzeug findet verschiedene Arten von unsauberen Code wie ungenutzte Variablen, sinnfreie Variablennamen ($1, $array und so weiter), zu lange Klassen und Ähnliches.
Komplexität	Findet extrem schwer lesbaren und unnötig komplexen Code anhand von Kontrollstrukturen und Schleifen.

Metrik/Bereich	Kurzbeschreibung
Fehler	Werden im Regelfall durch Unit-Tests abdeckt und sollten somit durch diese eindeutig identifiziert werden.

Neben den eigentlichen Metriken und Erkennungs-Tools gibt es noch einen weiteren, sehr wichtigen Prozess, den Sie bei keinem Projekt vergessen sollten – die Erstellung einer Dokumentation.

Falls es sich um ein Kundenprojekt handelt, sollten Sie ohnehin eine ausführliche und saubere Dokumentation schreiben, die sowohl dem Kunden grob vorgenommene Änderungen oder Features erklärt, als auch in Zukunft für weitere Entwickler als Grundlage zur Einarbeitung dient. Empfehlen kann ich Ihnen an dieser Stelle das Format reStructered Text, kurz RST. Die Syntax ist extrem leicht zu lernen und dennoch stehen viele Optionen wie Inhaltsverzeichnis, Bilder und Tabellen zur Verfügung. Über entsprechende Konvertierungswerkzeuge können dann HTML-Dateien oder auch PDFs erstellt werden.

Neben der textbasierten Dokumentation sollten Sie auch über eine API-Dokumentation nachdenken. Bei der Erstellung einer solchen kann Ihnen Ihr Jenkins-Server behilflich sein. Sowohl der Bau als auch die Veröffentlichung können sehr leicht realisiert werden. Entsprechende Tools sind für die meisten Programmiersprachen verfügbar. Im Zweifelsfall sollten Sie sich im Internet nach den möglichen Kandidaten umsehen.

Alle bisher genannten Werkzeuge müssen während des Builds ausgeführt werden. Oft verlangen diese noch spezielle Parameter wie Ausgabeordner und Ähnliches. Sie können solche Werkzeuge in der Konfiguration des Jobs als Shellskript-Build-Schritt einfügen, das die einfachste Möglichkeit darstellt, da Sie dieselben Befehle wie in der Kommandozeile nutzen und somit einfach hineinkopieren können. Dazu öffnen Sie die Jobkonfiguration – unter der Rubrik *Buildverfahren* können Sie nahezu unendlich viele Build-Schritte hinzufügen, darunter auch Shellskript-Befehle.

Nach einem Klick auf den Button *Buildschritt hinzufügen* können Sie zwischen verschiedenen Optionen wählen. In diesem Fall ist die Variante *Shell ausführen* interessant. Sie erhalten im Anschluss eine neue Textbox, in der Sie zeilenweise Shell-skript-Code einfügen können. Führen Sie also vorher Ihre jeweiligen Werkzeuge auf der Kommandozeile Ihres Servers aus. Nachdem Sie sich mit der Verwendung des jeweiligen Tools vertraut gemacht haben und mit dem Ergebnis zufrieden sind, müssen Sie nur noch den Befehl in die Textbox kopieren.

TIPP

Sie müssen keine Kopfzeile wie #/bin/bash am Anfang des Skripts einfügen, wie Sie es eventuell bereits von Shell-skripten gewohnt sind. Jenkins wird dies automatisch entsprechend der Systemkonfiguration hinzufügen.

Da Sie über den Link *Arbeitsbereich* auf das Dateisystem zugreifen können, ist es natürlich möglich, die Ausgabedateien, die von den einzelnen Metrikwerkzeugen erstellt wurden, über das Web-Interface in ihrer reinen Form anzusehen. Wie Sie recht schnell feststellen werden, ist diese Art der Analyse mehr als mühsam und extrem zeitaufwendig. Deshalb haben findige Programmierer mehrere Plugins entwickelt, die Ihnen nicht nur diese Arbeit abnehmen, sondern auch viele Informationen aufbereiten und grafisch darstellen.

TIPP

Über den Link *Liste der verfügbaren Umgebungsvariablen* können Sie alle Variablen einsehen, auf die Sie innerhalb Ihres Shellskripts Zugriff haben. Interessant sind hierbei vor allem *BUILD_NUMBER*, *BUILD_ID* sowie *JOB_NAME*. Mithilfe dieser können Sie Ihre Reports entsprechend benennen, um sie auch ohne Ihren Jenkins-Server leicht weiterverarbeiten zu können, ohne sich fragen zu müssen, zu welchem Build oder Projekt die jeweilige Datei gehört.

Publizieren via HTML Publisher und Plots

Sowohl der HTML Publisher (*http://wiki.jenkins-ci.org/display/ JENKINS/HTML+Publisher+Plugin*), als auch das Plots-Plugin (*http://wiki.jenkins-ci.org/display/JENKINS/Plot+Plugin*) bieten Ihnen die Möglichkeit, eine grafische Aufbereitung von Metriken und anderen Informationen zu publizieren. Vor allem Plots sind gut konfigurierbar und können bei so gut wie jedem Format eingesetzt werden, um Trends und Verläufe in Diagrammform darzustellen.

HTML Publisher

Der Funktionsumfang des HTML Publisher-Plugins ist im Grunde sehr klein gehalten, doch es tut, was es soll. Nach der Installation, die in Kapitel 10 *Plugins* genauer beschrieben wird, erhalten Sie innerhalb der Jobkonfiguration eine neue selektierbare Funktionalität *Publish HTML Reports*. Durch das Anhaken dieser erscheinen weitere Konfigurationsmöglichkeiten, die allesamt sehr leicht einstellbar sind.

Zum einen erwartet das Plugin einen **relativ** zum Jobwurzelverzeichnis gelegenen Pfad, der auf einen Ordner zeigen muss, der HTML-Reports enthält. Das heißt, um dieses Plugin verwenden zu können, müssen Sie bereits über HTML-Dateien verfügen, die ganz normal über den Browser aufrufbar sind. Der Publisher kann keine Logdateien auslesen und daraus Charts erstellen oder die Informationen anderweitig aufbereiten, dazu sollten Sie sich das Plot-Plugin näher anschauen.

Das zweite Textfeld muss mit dem Namen der Startdatei, in den meisten Fällen *index.html*, ausgefüllt werden. Diese Datei wird der Publisher als Startseite verwenden, daher sollte diese entweder alle nötigen Informationen enthalten oder über Links zu weiteren HTML-Dateien verfügen.

Als letzter Parameter muss der Report-Titel eingegeben werden. Da die Links des Publishers nach dem ersten Build-Vorgang in der linken Navigationsleiste des jeweiligen Jobs auftauchen, sollten Sie einen prägnanten und logischen Namen wählen.

Über den Haken *Keep past HTML reports* können Sie den Publisher anweisen, eine Art Historie der vergangenen Reports anzulegen. Dies kann natürlich sehr nützlich sein, wenn die HTML-Dateien Fakten enthalten, die in Zukunft weiterhin interessant sein könnten. Allerdings wird dieses Verhalten schnell viel Festplattenplatz verbrauchen, weshalb Sie sich genau überlegen sollten, ob und in welchem Umfang Sie diese Option nutzen. Wie bereits angesprochen, wird das Plugin während des nächsten Builds automatisch nach der angegebenen Datei suchen und entsprechende Links in der Navigationsleiste hinzufügen. Überprüfen Sie vor allem nach der Erstkonfiguration die Konsolenausgabe auf etwaige Fehler. Rechteprobleme und Schreibfehler sind hierbei häufig auftauchende Missgeschicke.

Plot-Plugin

Unter *Plots* versteht man Graphen und Balkendiagramme, die aus den verschiedensten Quellen gespeist werden können. Aktuell können simple Textdateien, XML sowie CSV eingelesen werden.

Diese Art von Auswertung bietet sich vor allem an, wenn Sie verschiedene Fakten in einem der genannten Formate vorliegen haben und diese gerne aufbereitet sehen möchten. Durch das spezielle Selektieren von Inhalten können Informationen auch aus sehr großen Dateien extrahiert werden.

Ein weiterer unglaublich schöner Vorteil von Plots ist die aus dem HTML Publisher bekannte Historie. Allerdings geht das Plot-Plugin an dieser Stelle noch um einiges weiter. Die aus den extrahierten Fakten erstellen Charts werden durch weitere Builds nicht ersetzt, sondern erweitert. Somit können Sie

Trends, egal welcher Natur, über Ihre Charts verfolgen: Kein manuelles Auslesen von XML- und CSV-Dateien mehr. Leider kann die Konfiguration des Plugins teilweise etwas komplex werden, einige Grundkenntnisse in der Verwendung von XML oder CSV können hierbei sicher nicht schaden.

Nach der Installation des Plugins können Sie innerhalb der Projektkonfiguration unter dem Punkt *Plot build data* neue Plots hinzufügen. Als Erstes müssen Sie eine Gruppe definieren, unter der der jeweilige Plot einzuordnen ist. Diese können Sie frei wählen. Plots werden später nach diesem Merkmal gruppiert, sodass Plots mit der gleichen Gruppe auf derselben Seite angezeigt werden. Danach folgt der Titel des Plots. Dieser kann ebenfalls frei gewählt werden, sollte aber möglichst aussagekräftig sein. Später wird der Titel als Überschrift genutzt sowie innerhalb einer Select-Box angezeigt, mit der Sie zu bestimmten Plots springen können. Außerdem verwendet das Plugin den Titel für die Sortierung der Plots, aktuell können keine numerischen Positionen angegeben werden.

TIPP

Ein kleiner Workaround für die Sortierung nach Titel besteht darin, diese nach dem Schema *Buchstabe – Titel* zu wählen. Zum Beispiel: *A – Codezeilen* und *B – Anzahl Klassen*. Somit können Sie über einen kleinen Trick die Reihenfolge der Plots bestimmen, auch ohne separaten Positionsparameter.

Der dritte Parameter ist sehr entscheidend für die Größe und Aussagefähigkeit des Plots. *Number of builds to include* gibt an, wie viele Builds in die Historie aufgenommen werden sollen, um innerhalb des jeweiligen Charts präsentiert zu werden. Hierbei sollten Sie sich für eine gesunde Mischung aus Festplattenplatz und Informationsgehalt entscheiden. Zwischen 10 und 25 Builds werden in den meisten Fällen vollkommen ausreichen.

Der Wert des Parameters *Plot y-axis label* ist optional und muss somit nicht zwangsläufig konfiguriert werden. Wenn vorhanden, verwendet Jenkins diesen Wert, um die y-Achse des Diagramms zu beschriften.

Über den *Plot style* regeln Sie das Aussehen des Charts. Zum aktuellen Zeitpunkt kann zwischen neun verschiedenen Stilen gewählt werden. Probieren Sie einfach einmal alle durch, manche eignen sich eher für eine große Historie, andere eher für eine kleine. Ich persönlich bin ein großer Fan des *Bar 3D*-Charts.

TIPP

Änderungen am Stil eines Plots werden sofort umgesetzt. Um sich für einen Stil zu entscheiden, können Sie sich also sofort das Ergebnis anschauen, ohne jeweils einen neuen Build anstoßen zu müssen, vorausgesetzt, Sie haben bereits mindestens einen erfolgreichen Build mit Daten vorliegen.

Bevor Sie die eigentlichen Achsen definieren, können Sie sich noch für eine Art der Achsenbeschriftung entscheiden. Wenn Sie den Haken bei *Build description as labels* nicht setzen, werden die einzelnen Builds innerhalb des Diagramms mit der jeweiligen Build-Nummer und dem Datum gekennzeichnet. Die Tooltips enthalten dafür die Build-Beschreibung. Setzen Sie allerdings den Haken, wechseln sich diese Angaben mit der Beschreibung des Builds ab. Build-Nummer und Datum finden sich dann in den Tooltips wieder.

Der eigentlich wichtige Part folgt nun – es ist an der Zeit, Datenserien hinzuzufügen. Ein Diagramm kann mehrere Serien enthalten, das heißt mehrere Trends anzeigen, zum Beispiel die Anzahl der Codezeilen oder die Anzahl der Tests. Diese spezielle Kombination sollte übrigens etwa mit dem gleichen Muster verlaufen – wenn nicht, deutet dies eventuell auf Nachholbedarf beim Implementieren von Tests hin.

Der erste Wert ist ein Pflichtfeld und stellt die zu analysierende Datei dar. Der Pfad muss, wie bei den meisten Dateifeldern, **relativ** zum Wurzelverzeichnis des Jenkins-Servers sein und den vollständigen Dateinamen inklusive Endung enthalten. Beachten Sie hierbei die eingangs erwähnten Datenformate.

Im nächsten Schritt geht es daran, den erwarteten Dateityp festzulegen. Je nach Auswahl stehen Ihnen mehrere weitere Parameter zur Auswahl. Im Folgenden werde ich mich auf die Verwendung von XML-Dateien beziehen, da diese den meisten Entwicklern bereits aus ihrer täglichen Arbeit bekannt und via *Xpath* sehr genau spezifizierbar sind.

Ein Beispiel: Das Programm *PHPLoc* analysiert PHP-Projekte, um Daten wie die Anzahl der effektiven Codezeilen oder die Summe von Interfaces und Klassen zu ermitteln. Das Ergebnis kann in eine XML-Datei abgespeichert werden, die exemplarisch folgendermaßen aufgebaut sein soll:

```xml
<?xml version="1.0" encoding="UTF-8"?>
<phploc>
  <loc>19508</loc>
</phploc>
```

Natürlich werden Sie kaum mit solch kurzen XML-Dateien zu tun haben, aber die Einrichtung ist vollkommen unabhängig von der Größe der Dateien gleich. Um die Anzahl der Codezeilen in einem Plot darzustellen und somit eine grafische Repräsentation der Größe des Projekts zu erhalten, können Sie folgenden Xpath verwenden:

```
phploc/loc/text()
```

Da der Xpath spezifiziert ist und somit Zugriff auf wichtige Fakten besteht, müssen Sie noch den Typ des Xpath-Rückgabewertes einrichten, damit das Plugin weiß, wie es sich zu verhalten hat. Sie können zwischen *Nodeset, Node, String, Boolean* und *Number* wählen. Die Bezeichner sprechen für sich und bedürfen keiner weiteren Erklärung. In unserem Fall wäre dementsprechend *Number* der korrekte Typ.

Neben dem Xpath können Sie außerdem eine optionale URL festlegen. Falls angegeben, wird diese als Link über den jeweiligen Punkt im Diagramm gelegt. Es stehen Ihnen die Platzhalter *%name%* und *%index%* bereit, die Sie in der URL verwenden können. Diese werden automatisch durch die entsprechenden Werte ersetzt.

Das war es auch schon. Nach dem nächsten erfolgreichen Build, unter Verwendung von PHPLoc, können Sie über den neuen Link Plots auf der Projektseite Ihr frisch generiertes Diagramm betrachten. Abbildung 5-2 zeigt eine fertige Konfiguration. In Abbildung 5-3 sehen Sie ein exemplarisch daraus resultierendes Diagramm.

Um Freunde von CSV- und Property-Dateien nicht zu enttäuschen, möchte ich noch kurz auf die Verwendung dieser beiden Arten eingehen. Die Verarbeitung von CSV-Dateien unterscheidet sich relativ stark von der Verarbeitung von XMLs. Nachdem Sie sich über den Punkt *Load data from csv file* für eine CSV-Umgebung entschieden haben, ist standardmäßig die Option *Include all columns* aktiviert. Dies führt dazu, dass alle Spalten aus der Datei in die aktuelle Datenserie aufgenommen werden. Das heißt, im Gegensatz zu XMLs, bei denen explizit angegeben werden musste, welche Daten extrahiert werden sollen, werden bei CSV-Dateien direkt alle Werte ausgelesen und aufgenommen.

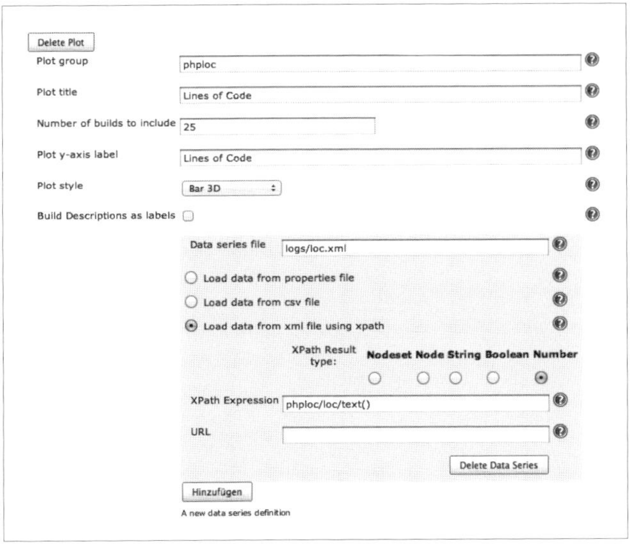

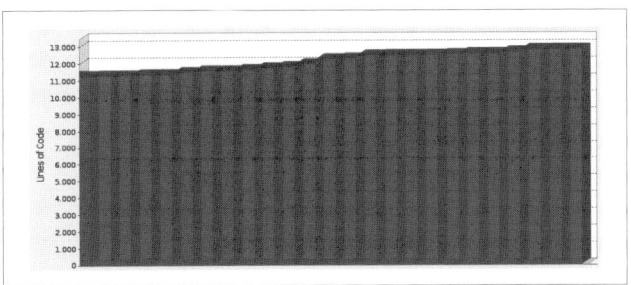

Abbildung 5-2: Plot-XML-Konfiguration

Abbildung 5-3: Plot-Diagramm

Wenn Sie nicht wünschen, dass alle Spalten ausgewertet werden, müssen Sie sich für eine der vier anderen Optionen entscheiden. In der folgenden Tabelle sind alle fünf Typen gesondert inklusive kurzer Erklärung aufgeführt.

Include-Option	Erläuterung
Include all columns	Alle Spalten verwenden
Include columns by name	Alle im unteren Textfeld angegebenen Spalten
Exclude columns by name	Alle Spalten, außer die angegebenen
Include columns by index	Verwende alle Spalte mit dem angegebenen Index
Exclude columns by index	Alle Spalten, außer die mit dem angegebenen Index

Das Ausschlussfeld (*CSV Exclusion values*) verlangt eine kommaseparierte Liste von Spalten, die je nach Include- oder Exclude-Option genutzt oder übersprungen werden sollen.

Auch bei einem CSV-Plot kann eine URL angegeben werden, Funktionsweise und Parameter sind hierbei identisch zur XML-Variante. Der letzte mögliche Konfigurationspunkt lautet *Display original csv above plot*. Durch anhaken dieser Option wird der Inhalt der CSV-Datei über dem späteren Diagramm angezeigt. Dies kann nützlich sein, wenn Sie die Zahlen zur Vervollständigung der Grafiken einsehen möchten oder aus anderen Gründen nicht vollkommen zufrieden mit dem Einsehen der Informationen über Diagramme sind. Abbildung 5-4 enthält eine Beispielkonfiguration für die Nutzung von CSV-Plots.

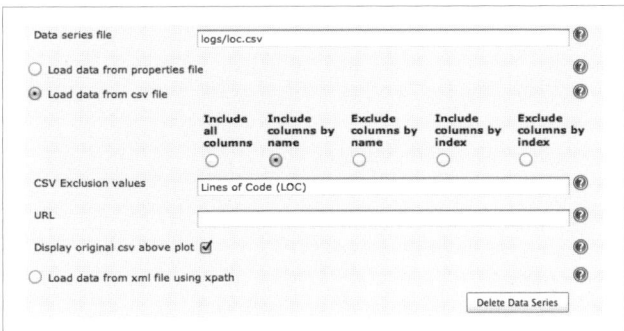

Abbildung 5-4: Plot-CSV-Konfiguration

Last but not least stehen noch die Property-Dateien auf dem Plan, die allgemein am wenigsten genutzt werden. Da der Konfigurationsaufwand gegenüber der Einrichtung von XML und CSV sehr gering ausfällt, ist dieser Typ allerdings für Anfänger sehr gut geeignet. Außerdem ist das Format der Quelldatei sehr einfach zu handhaben und kann ohne Probleme per Hand editiert werden. Folgend ein kurzes Beispiel einer Property-Datei, um Ihnen einen besseren Eindruck vom Dateiformat zu geben:

```
Lines=10099
Tests=112
Errors=0
```

Es handelt sich also um reine Wertzuweisungen mittels eines Gleichheitszeichens, wobei die einzelnen Werte durch Zeilenumbrüche getrennt sind.

Neben dem eigentlichen Pfad zur Datei steht Ihnen nur ein einziger Parameter zur Auswahl, der obendrein auch noch optional ist. Dieser dient als Beschriftung der Legende für die jeweilige Datenserie. Um die Beschreibung der Plot-Einrichtung zu vervollständigen, finden Sie in Abbildung 5-5 eine exemplarische Verwendung von Property-Dateien innerhalb von Plots.

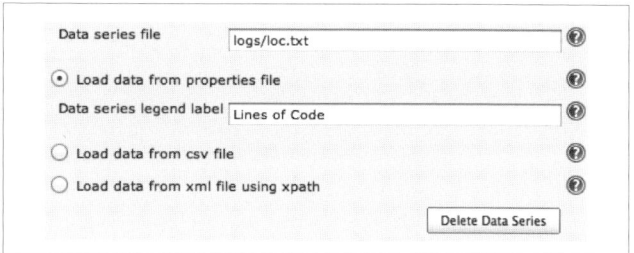

Abbildung 5-5: Plot-Property-Datei-Konfiguration

Abschließend kann man sagen, dass Plots eine sehr schöne Möglichkeit darstellen, in Textform vorliegende Informationen grafisch aufzubereiten, sowohl für den aktuellen Build als auch für Trends der letzten Builds. Sie sollten sich dieses Plugin definitiv näher anschauen, wenn Sie über nutzbare Metriken und Fakten verfügen, die sich sinnvollerweise in einem Diagramm aufbereiten ließen.

Erfolgreichen Build markieren

Wie oben angemerkt können Sie einen abgeschlossenen Build *taggen*, sofern Sie eine Versionsverwaltungssoftware nutzen. Klicken Sie dazu auf den Link *Markiere diesen Build* auf der Detailseite des jeweiligen Builds. Sie werden nun auf eine neue Seite weitergeleitet, in der Sie weitere Informationen wie den Pfad des Tags innerhalb der Repository-Struktur sowie einen Commit-Kommentar hinterlegen können.

Weiterhin besteht die Möglichkeit, einen anderen SCM-Nutzer für das Tagging zu verwenden als beim Bau des Projektes angegeben. Somit können eigene Nutzer mit speziellen Rechten für das auschecken des Repository und das Taggen des Builds verwendet werden. Dies ist natürlich optional und in vielen Fällen nicht notwendig.

Abschluss

Sie haben in diesem Kapitel Ihren ersten Build gebaut und dessen Ergebnisse analysiert. Außerdem haben Sie die Verwendung der Plugins HTML Publisher und Plot kennengelernt, die eine sehr große Erleichterung durch die Aufbereitung der Daten darstellen können. Der Auswertung von Fakten innerhalb Ihres CI-Servers sind praktisch keine Grenzen gesetzt. Experimentieren Sie einfach ein wenig mit den Möglichkeiten und Ihren Anforderungen.

Da Sie nun einen ersten funktionsfähigen Build abgeschlossen haben, verfügen Sie über eine gute Basis, um weitere Build-Schritte hinzuzufügen und somit komplexere und interessantere Vorgänge zu starten. Im Folgenden gehe ich auf die Verwendung von Apache Ant zur Erstellung von Dateistrukturen, zum Komprimieren von Dateien und vielen weiteren Anwendungsgebieten ein.

## KAPITEL 6

Komplexe Builds mit Apache Ant

Ant ist ein auf Java basierendes Open Source-Werkzeug aus dem Hause der Apache Software Foundation. Es ermöglicht das automatisierte Ausführen von Prozessen – vom Erstellen eines Ordners bis hin zum Versenden von E-Mails, FTP-Transfers und dem Komprimieren von Dateien. Hierfür stehen Ihnen verschiedene *Tasks* zur Verfügung.

Tasks sind spezielle Ant-Kommandos, die innerhalb eines Targets (eine Aneinanderreihung von Befehlen) verwaltet werden. Ein *prepare*-Target könnte zum Beispiel mehrere *mkdir*-Tasks ausführen, die verschiedene für den weiteren Build-Prozess notwendige Ordner erstellen.

Beachten Sie bitte, dass ich aufgrund der enormen Einsatzmöglichkeiten von Ant im Folgenden nur sehr allgemeine Beispiele verwenden werde, um Ihnen die grundlegende Verwendung näherzubringen. Allerdings sollten Sie, mit diesem Wissen ausgestattet, problemlos Targets mit den entsprechenden Werkzeugen für Ihre jeweilige Programmiersprache und Applikation erstellen können.

Weitere allgemeine Informationen über Ant finden Sie auf der Homepage des Projekts unter *http://ant.apache.org*.

Voraussetzungen

Da Ant wie oben bereits erwähnt in Java implementiert ist, wird eine entsprechende Laufzeitumgebung benötigt. Hierbei steht es Ihnen frei, ob Sie sich für die offizielle Variante von Oracle oder die Open Source-Alternative OpenJDK entscheiden. Die in diesem Buch aufgeführten Befehle wurden mit den aktuellen Versionen beider Umgebungen getestet.

Installation

Die Installation von Ant ist auf allen Systemen sehr komfortabel (unter Windows ist geringfügig mehr Handarbeit nötig) beziehungsweise teilweise überhaupt nicht nötig. Im Folgenden werde ich näher auf die unterschiedlichen Handhabungen eingehen.

Linux

Auf Debian-basierten Systemen kann Apache Ant mit folgendem Befehl über die Kommandozeile installiert werden:

```
$ sudo apt-get install ant
```

Alternativ können Sie natürlich auch eine grafische Oberfläche wie Synaptic einsetzen.

Nutzer des Yum-Paketmanagers können Ant selbstverständlich ebenso einfach installieren.

```
$ sudo yum install ant
```

Um den Erfolg der Installation zu testen, können Sie sich in der Kommandozeile die installierte Version anzeigen lassen:

```
$ ant -version
```

Ein positives Ergebnis wäre zum Beispiel:

```
Apache Ant version 1.8.0 compiled on May 9 2010
```

Im Fehlerfall sollte die Ausgabe des Paketmanagers überprüft werden. Weiterhin müssen Sie sicherstellen, dass sich Ant im $PATH des aktuellen Unix-Benutzers befindet.

Mac OS X

Anwender des Apple-Betriebssystems haben bei der Ant-Installation die besten Karten. In allen neueren Versionen ist das Paket bereits im Lieferumfang enthalten und steht funktionsfähig bereit.

Windows

Unter Windows muss etwas mehr Hand angelegt werden als bei anderen Systemen. Für alle diejenigen, die gerne Installer verwenden, steht das Paket *WinAnt* bereit, das die ganze Arbeit für Sie übernimmt. Laden Sie sich dazu einfach die neueste Version herunter und folgen den Anweisungen auf dem Bildschirm. Die URL lautet *http://code.google.com/p/winant*.

Die bevorzugte Variante der Ant-Entwickler ist hingegen die manuelle Installation. Hierfür benötigen Sie zuallererst das Binary von der Ant-Projektseite: *http://ant.apache.org/bindownload.cgi*.

TIPP

Auch wenn es die Auswahl zwischen *.zip*, *.tar.gz* und *.tar.bz2* gibt, sollten Windows-Nutzer stets die Zip-Datei laden, da es anderenfalls zu Problemen bei der Installation kommen kann.

Nachdem der Download abgeschlossen ist, öffnen Sie das Archiv und entpacken den Inhalt in einen für Sie passenden Ordner. Dies könnte zum Beispiel *C:\Programme\Ant* sein – viele Entwickler nutzen auch eine zweite Festplatte für solche Arten von Tools: *D:\Ant*.

Als Nächstes muss der *Path* editiert und eine neue Variable *ANT_HOME* angelegt werden. Führen Sie dazu einen Rechtsklick auf *Mein Computer* oder *Arbeitsplatz* aus und wählen Sie *Eigenschaften*. Klicken Sie danach im Tab *Erwei-*

tert auf *Umgebungsvariablen*. Unter *Systemvariablen* fügen Sie einen neuen Eintrag mit dem Namen *ANT_HOME* und dem von Ihnen gewählten Pfad zur Ant-Installation hinzu. Nun suchen Sie innerhalb der Variablenliste nach *Path* und wählen *Bearbeiten*. Ergänzen Sie am Ende der Zeichenkette folgenden Wert (achten Sie dabei auf das Semikolon, das die einzelnen Werte innerhalb der Variable voneinander trennt):

```
;%ANT_HOME%\bin
```

Dies nutzt die bereits von Ihnen definierte Variable *ANT_HOME*, die auch Ant selbst verwenden wird, zusammen mit dem *bin*-Ordner, in dem das eigentliche Binary liegt. Klicken Sie nun auf *OK* und schließen alle Fenster, die mit der Änderung zu tun hatten. Zur Prüfung können Sie nun wie unter *Linux* beschrieben die installierte Ant-Version mit folgendem Befehl innerhalb der Windows-Eingabeaufforderung abfragen:

```
$ ant -version
```

Sollten Sie eine Meldung wie »Konnte nicht gefunden werden« erhalten, überprüfen Sie die eingestellten Pfade und das Vorhandensein des Semikolons.

Befehlsübersicht

Das Schöne an Ant ist die einfache Konfiguration mithilfe einer Build-Datei. Diese besteht lediglich aus konformem XML-Code, den Sie sicher bereits aus anderen Projekten gewohnt sind. Alle Tasks, Variablen und Optionen können praktischerweise über diese Datei gesteuert werden.

In der folgenden Tabelle erhalten Sie einen kurzen Überblick über die wichtigsten und gängigsten Ant-Befehle in unsortierter Reihenfolge. Beachten Sie bitte, dass es sich hierbei keineswegs um eine komplette Referenz handelt, da Ant extrem mächtig und erweiterbar ist. Für den intensiveren Einstieg kann ich Ihnen das Buch *Ant – kurz und gut* aus dem O'Reilly Verlag empfehlen.

Task	Beschreibung
Zip/Unzip	Zippt Dateien und Ordner beziehungsweise entpackt ein Zip-Archiv
Tar / Untar	Das *Tar*-Äquivalent zu *Zip*
AntCall	Führt ein Ant-Target innerhalb derselben Build-Datei aus
Exec	Mächtiges Werkzeug, um Kommandozeilenprogramme auszuführen, für die zum Beispiel keinerlei native Targets existieren
Chmod/Chown	Äquivalent zu den Kommandozeilenwerkzeugen. Diese können Berechtigungen für Dateien und Ordner sowie deren Inhaber und Gruppe verändern.
Copy/Move/Delete	Dateien und Ordner kopieren, verschieben und löschen
Touch/Mkdir	*Touch* legt neue Dateien an, *Mkdir* macht das Gleiche für Ordner
Mail	Verschickt E-Mails via SMTP. Benötigt weiterführende Konfiguration für Host, Nutzer und gegebenenfalls Passwort und Port.
Echo	Simple Ausgabe von Nachrichten, vor allem für Debugging-Zwecke interessant
Fail	Markiert einen Build als fehlgeschlagen. Optional kann eine konkrete Fehlermeldung ausgegeben werden.
FTP/SCP	Wrapper, um Dateien und Ordner via FTP und SCP auf andere Server zu kopieren. Je nach Workflow interessant für das Deployment von Applikationen. Benötigt weitere Konfiguration.

Erstes Target

Im Rahmen eines Tests soll Ant für Sie einen neuen Ordner anlegen. Wechseln Sie dazu in einen entsprechenden Projektordner (für diesen Test können Sie auch einen komplett leeren Ordner verwenden) und erstellen Sie die Datei *build.xml* mit diesem Inhalt:

```xml
<?xml version="1.0" encoding="UTF-8"?>
<project name="MyProject" default="createFolder"
basedir=".">
    <target name="createFolder">
        <mkdir dir="${basedir}/logs" />
        </target>
</project>
```

Um Ant unter Berücksichtigung der Build-Datei zu starten, müssen Sie sich entweder im selben Ordner wie diese befinden oder den Pfad zur Datei als Parameter übergeben. Eine Übersicht über alle möglichen Ant-Parameter können Sie sich übrigens mit dem Befehl

```
$ ant -h
```

anzeigen lassen. Öffnen Sie nun also eine Kommandozeile und geben einen dieser Befehle ein:

```
$ # Absoluten Pfad an Ant übergeben
$ ant -f ~/Dev/build.xml

$ # Oder: In den Projektordner wechseln und
$ # Ant ohne Parameter ausführen
$ cd ~/Dev
$ ant
```

Wenn alles geklappt hat, sollte die Ausgabe in etwa so aussehen:

```
Buildfile: /home/mario/Dev/build.xml

createFolder:
    [mkdir] Created dir: /home/mario/Dev/logs

BUILD SUCCESSFUL
Total time: 0 seconds
```

Arbeiten Sie sich kurz mit mir durch den Code. Die erste Zeile ist Standard für jede XML-Datei und muss somit nicht näher beleuchtet werden. Bei der zweiten wird es allerdings schon interessanter. In dieser wird der Name des Projekts spezifiziert sowie das *Default*-Target.

Das *Default*-Target wird immer ausgeführt, wenn auf der Kommandozeile nicht explizit ein anderes vorgegeben wird. Um ausdrücklich ein spezielles Target auszuführen, übergeben Sie seinen Namen als letzten Parameter an Ant:

```
# Wieder mit absolutem Pfad
$ ant -f ~/Dev/build.xml createFolder
```

```
# Oder innerhalb des Projekt-Ordners
$ ant createFolder
```

Mit *basedir* legen Sie den Stammordner für den Build fest (in diesem Fall der aktuelle Ordner – dieser Wert ist in den meisten Situationen vollkommen ausreichend).

Somit haben Sie immer eine Referenz innerhalb der XML-Datei, um den späteren Tasks auf einfache Weise Pfade zu übergeben. Wie Sie vielleicht schon gesehen haben, wurde *basedir* im Zuge des *Project*-Tags als Variable deklariert. Um innerhalb der Build-Datei auf Variablen zuzugreifen, müssen Sie eine vorgegebene Syntax verwenden:

```
${variablenname}
```

Weitere Variablen können Sie folgendermaßen deklarieren:

```
<property name="author" value="Mario Behrendt" />
```

Direkt danach folgt auch schon das eigentliche Target. Auch hier profitieren Sie wieder von der sehr guten Lesbarkeit eines XML-Dokuments. Sie haben das neue Target *createFolder* erstellt (das sowieso als Standard angegeben ist), das genau einen Task ausführen soll.

mkdir ist ein Task, der im Großen und Ganzen lediglich einen Wrapper für sein Unix-Pendant darstellt und bereits im Lieferumfang von Ant enthalten ist. In diesem Zuge wird auch die oben genannte Variable *basedir* verwendet, um einen Unterorder relativ zum aktuellen Pfad zu erstellen. Es gibt noch eine Vielzahl weiterer Ant-Tasks sowie jede Menge externer Tasks, die nachinstalliert werden können.

Eine sehr umfangreiche Übersicht aller bereits in Ant enthaltenen Tasks finden Sie unter *http://ant.apache.org/manual/ tasksoverview.html*

Ant hat also für Sie einen Ordner erstellt und gibt Ihnen gleichzeitig wichtige Debugging-Informationen wie den Pfad zur verwendeten Build-Datei und den Output der ausgeführten

Targets/Tasks aus. Doch sicherlich wollen Sie keinen Jenkins-Server einrichten, um am Ende mithilfe von Ant nur simple Ordner anzulegen. Gehen wir daher einen Schritt weiter.

Dateien komprimieren

Wie eingangs erwähnt ist Ant in der Lage, eine Reihe von Dateien zu einem Zip-Archiv zusammenzufassen. Wenn Sie zum Beispiel Ihre Software als Release zum Download freigeben, ist ein solches Archiv oft die erste Wahl.

Um sofort durchzustarten, legen Sie zuerst die (leere) obligatorische Datei *main.c* an, die für Sie stellvertretend für ein komplettes Programm oder Ähnliches steht. Um nun ein Archiv aus dieser Datei zu erstellen, fügen Sie den folgenden Code in Ihre *build.xml* ein:

```
<target name="compress">
    <zip destfile="${basedir}/release.zip">
        <fileset dir="${basedir}" includes="main.c" />
    </zip>
</target>
```

Wie Sie sehen, leitet sich der grobe Aufbau vom ersten Target ab. Erneut wird auf die Variable *basedir* zugegriffen, die Sie auch in realen Projekten vermehrt nutzen werden. Die eigentliche Funktionalität sollte wieder relativ einfach erkennbar sein: Der Task-Name lautet schlichtweg *zip* und ist ebenfalls im Lieferumfang von Ant enthalten – natürlich wird eine installierte Version des Programms *zip* benötigt, was allerdings bei den meisten Linux-Distributionen bereits der Fall sein sollte.

Mit *destfile* geben Sie den Pfad und den Namen der Ausgabedatei an. Der Inhalt des Archivs wird über *fileset*-Tags festgelegt, die auch von anderen Tasks verwendet werden. *Includes* spezifiziert die zu verwendenden Dateien beziehungsweise Ordner, wobei Sie sich hierbei nicht nur auf einen absoluten

Namen festlegen müssen. Sie können ebenso mit dem Wild-card-Symbol * (Stern) mehrere Dateien und Ordner bestimmen. *dir* deklariert wie schon erwartet den Pfad, in dem sich die Quelldateien befinden.

Im Erfolgsfall erhalten Sie in etwa diese Ausgabe:

```
$ ant compress
Buildfile: /home/mario/Dev/build.xml

compress:
    [zip] Building zip: /home/mario/Dev/release.zip

BUILD SUCCESSFUL
Total time: 0 seconds
```

Der *zip*-Task ist, wie zu erwarten, in der Lage, noch viele weitere Optionen, wie zum Beispiel Excludes, entgegenzunehmen. Alle Parameter zu beschreiben, würde allerdings den Rahmen dieses Buchs sprengen.

Der Exec-Task

Im Kapitelanfang und auf der Projektseite konnten Sie sich schon einen guten Überblick über die verfügbaren Ant-Tasks verschaffen. Doch selbstverständlich gibt es nicht für jedes Kommandozeilenwerkzeug einen eigenen Task. Um diese nicht nativ eingebauten Befehle einbinden zu können, verfügt Ant über den sogenannten *Exec*-Task.

Dieser stellt im Grunde einen Wrapper für die Kommandozeile dar. Somit müssen Sie nicht auf Shellskripte oder Ähnliches ausweichen, sondern können den Build-Prozess weiterhin an einer einzigen, zentralen Stelle verwalten.

Nach Möglichkeit sollten Sie nur in letzter Instanz auf diesen Task zurückkommen. Prüfen Sie vorher gründlich, ob es nicht doch einen nativen Task für die jeweilige Aufgabe gibt beziehungsweise ob ein Programm eventuell dieselbe Funktionalität bereits bietet und Ihnen viele Zeilen XML ersparen könnte.

Ich will Ihnen nicht vom *Exec*-Task abraten, oft ist er die einzige Option, allerdings sollte er mit Bedacht gewählt werden.

WARNUNG

Beachten Sie, dass *Exec* wie bereits angemerkt nur einen Wrapper für die Kommandozeile darstellt. Nicht jedes Kommando und Programm ist auf jedem Rechner installiert. Vor allem Windows-Installationen neigen dazu, mit wenigen Kommandozeilenwerkzeugen ausgeliefert und erweitert zu werden. Sollte es also zu Problemen beim Ausführen des Tasks kommen, prüfen Sie zuerst, ob die jeweiligen Programme installiert und von *Ant* ausführbar sind.

Verwendung

In Sachen Parameter gibt sich *Exec* mit relativ wenigen Optionen zufrieden. Folgend ein Beispiel, das ich noch näher erläutern werde.

```
<target name="phpunit">
    <exec dir="${basedir}/tests" executable="phpunit"
        failonerror="true">
    <arg line="--configuration ${basedir}/tests/
        ci-phpunit.xml" />
    </exec>
</target>
```

Das Meiste des oben stehenden Codes können Sie sich sicherlich bereits zusammenreimen. Zuallererst wird das neue Target *phpunit* definiert – das Ziel ist also das Ausführen der PHPUnit-Tests innerhalb des aktuellen Projekts.

Als erster Knoten folgt auch schon der eigentliche *Exec*-Task, der neben dem Parameter *dir* (der Ordner, in dem der Befehl ausgeführt werden soll), das *executable* und *failonerror* setzt. Als *executable* muss immer der Name des Programms/Befehls angegeben werden, so wie er auf der Kommandozeile innerhalb des Jenkins-Pfades erreichbar ist. Programme, die nicht im Path enthalten sind, müssen über ihren absoluten

Pfad angesprochen werden – für PHPUnit unter Linux wäre dies zum Beispiel */usr/bin/phpunit*. Binaries, die sich im Home-Ordner von *root* befinden, sind somit natürlich auch nicht abgedeckt und würden zu einem Error führen.

Das optionale Flag *failonerror* teilt Ant mit, dass der Build als fehlgeschlagen zu markieren ist, sollte es während der Ausführung dieses Befehls zu Problemen kommen, oder der Rückgabewert auf einen Error schließen lässt. Somit würden keine weiteren Targets mehr ausgeführt.

WARNUNG

Achten Sie genau auf die Reihenfolge Ihrer einzelnen Targets und arbeiten Sie gezielt mit *failonerror*. Beispiel: PHPUnit erstellt einige statistische XML-Dateien, die von späteren Tasks ausgewertet werden. Wenn der Build nicht abgebrochen wird, kann es zu Folgefehlern bei der Analyse der XMLs kommen, was zu unvorhersehbaren Ergebnissen bis hin zum Datenverlust und Ähnlichem führen kann.

Als weiterer Knoten innerhalb von *Exec* wird *arg line* definiert – die Kommandozeilenparameter, wie Sie sie auch auf der Shell übergeben würden. In diesem Fall wird PHPUnit der Pfad zu einer Konfigurationsdatei mitgeteilt, die spezielle Einstellungen für das Ausführen der Tests innerhalb der Continuous Integration beherbergt.

Anwendungsbeispiele

Dem *Exec*-Task sind im Grunde keine Grenzen gesetzt. Alles, was auf der Shell ausgeführt werden kann, sollte auch portierbar sein. Beachten Sie dazu allerdings meine Warnungen.

Anwendung findet *Exec* wie gesagt überall da, wo keine nativen Tasks verfügbar sind. Folgend eine Tabelle mit Beispielen und Anregungen, sortiert nach Programmiersprache, sowie einige allgemeine Verwendungen.

Sprache	Kommando
PHP	phpcs
	phploc
	phpmd
	phpcpd
	pdepend
	Symfony2 Konsole
	PEAR
	PHP Linter
Python	PyGenie
	PyChecker
	Pylint
Ruby	Bundle install
	Rake
	reek
	Towelie
	Roodie
	flog
C	Compiler
	Coccinelle
	Lint
	BLAST
Allgemein	Dokumentationsroutinen (JavaDoc, DocBlox usw.)
	Shellskript ausführen
	Moose
	Sonar
	Yasca

Umgebungsvariablen

Jenkins setzt selbstständig einige Umgebungsvariablen, auf die Sie innerhalb Ihres Ant-Skripts zugreifen können, als hätten Sie diese selbst definiert. Allerdings kann auf diese Variablen nicht direkt zugegriffen werden. Sie müssen diese erst in einen eigenen Namespace legen.

```
<property environment="env" />
```

Danach sind die Umgebungsvariablen folgendermaßen adressierbar:

```
<echo message="Build number: ${env.BUILD_NUMBER} />
```

Das Gleiche ist natürlich auch außerhalb von Ant-Skripten möglich, zum Beispiel in einem Shellskript-Schritt, wobei kein Namespace nötig ist:

```
echo "Build number:" $BUILD_NUMBER
```

Oder in einer Windows Batch-Datei, ebenfalls ohne weitere Konfiguration:

```
echo "Build number:" %BUILD_NUMER%
```

Die folgende Tabelle enthält eine Übersicht der verfügbaren Variablen. Einige von ihnen, wie zum Beispiel die Build-Nummer, variieren von Build zu Build und können somit sehr gut für buildspezifische Aktionen und Benennungen, etwa Ordner, genutzt werden. Andere sind bei jedem Build gleich und variieren zwischen verschiedenen Projekten.

Umgebungsvariable	Erklärung
BUILD_NUMBER	Entspricht der aktuellen Build-Nummer, wobei es sich um eine fortlaufende Zahl handelt, zum Beispiel »205«.
BUILD_ID	Die Build-ID besteht aus dem aktuellen Datum zusammen mit der aktuellen Zeit, getrennt durch einen Unterstrich. Beachten Sie das Datumsformat, das sich vom Deutschen unterscheidet: 2011-08-10_12-10-59.
BUILD_URL	Diese URL gilt als permanenter Link, unter dem der fertige Build später eingesehen werden kann. Diese Variable kann nützlich sein, wenn Sie während des Builds bereits E-Mails versenden oder Logging betreiben.
JOB_NAME	Gleicht dem eigentlichen Namen des Projekts, wie Sie ihn bei der Erstellung festgelegt haben.
BUILD_TAG	Besteht aus einer Verkettung des Strings »jenkins-« sowie dem JOB_NAME und der BUILD_NUMBER. Somit entsteht ein eindeutiger Wert, der als Schlüssel für einen einzelnen Build verwendet werden kann. Ein Beispiel hierfür wäre: »jenkins-Projektname-145«.

Umgebungsvariable	Erklärung
JENKINS_URL	Entspricht der Jenkins-Home-URL, wie sie innerhalb der Systemkonfiguration hinterlegt ist. Beachten Sie, dass es sich hierbei immer um die URL des Masters handelt, auf dem der Build ausgeführt wird. Sollte der Build innerhalb eines verteilten Systems auf einem Slave gebaut werden, wird dennoch die URL des Masters zurückgeliefert.
EXECUTOR_NUMBER	Die eindeutige Nummer des ausführenden Build Prozessors.
WORKSPACE	Der absolute Pfad des Projektverzeichnisses auf dem Jenkins-Server inklusive des Pfads zu Jenkins selbst. Unter Linux beispielsweise meist /var/lib/jenkins/jobs/ Projektname/workspace.
SVN_REVISION	Wenn es sich um ein Subversion-Projekt handelt, ist diese Variable gesetzt und enthält die für diesen Build verwendete SVN-Revisionsnummer.
GIT_COMMIT	Enthält in Git-Projekten den Hash des verwendeten Git-Commits. Benötigt das Git-Plugin.
GIT_BRANCH	Äquivalent zu den anderen Systemen wird der verwendete Branch zurückgeliefert. Wenn nicht anders konfiguriert, enthält die Variable den Wert *master*. Voraussetzung hierbei ist ebenfalls das Git-Plugin.

Beachten Sie die durchgehende Großschreibung der Bezeichner. Somit werden lokale, innerhalb des Ant-Skripts festgelegte Bezeichner von den globalen des Servers selbst abgegrenzt. Dieses Schema sollten Sie, um Verwirrung zu vermeiden, beibehalten und lokale Variablen entsprechend kleinschreiben.

Abhängigkeiten zwischen den einzelnen Targets

Haben Sie erst einmal mehrere Targets implementiert, wollen Sie sicherlich nicht jedes einzeln ausführen, um einen kompletten Build-Vorgang zu durchlaufen. Daher kennt Ant die nützliche Eigenschaft *depends*.

Abhängigkeiten werden wie folgt definiert.

```
<target="build" depends="prepare,migrateDB,test" />
```

An den Kopf des Eltern-Targets wird über den Parameter *depends* eine kommaseparierte Liste von Targets übergeben, die **vor** dem Eltern-Target ausgeführt werden sollen.

WARNUNG

Die angegebenen Targets müssen sich innerhalb der selben XML-Datei befinden. Ist dies nicht der Fall, wird Ant den Build mit einer Fehlermeldung abbrechen und als fehlgeschlagen markieren. Weiterhin sollten Sie auf die Reihenfolge der Targets achten. Ant führt die Targets genau in der Reihenfolge aus, in der Sie sie angegeben haben, es sei denn, es bestehen Verbindungen über weitere *depends*-Parameter.

TIPP

Der Übersicht halber sollten Sie sich außerdem angewöhnen, den Eltern-Target als Letzten zu definieren sowie die Kinder entsprechend der Anordnung innerhalb des *depends*-Elements in der Datei zu definieren.

Wie im Codebeispiel zu sehen, macht der *depends*-Parameter vor allem bei komplexen Builds Sinn. Somit müssen Sie nur noch ein einziges Target starten, um den kompletten Build-Vorgang inklusive aller nötigen Targets auszuführen:

```
$ ant build
```

Phing

Sollten Sie im Bereich PHP aktiv sein, kann ich Ihnen das auf Ant aufbauende Build-Werkzeug *Phing* (*http://www.phing. info*) empfehlen, das fast vollständig zu Ant kompatibel und in PHP implementiert ist. Wer gerne vollständig in PHP entwickelt, wird sich hier wahrscheinlich sehr wohl fühlen, zumal es auch möglich ist, eigene Tasks in PHP zu entwickeln.

Abschluss

Sie haben in diesem Kapitel einen Einblick über die Funktionen und Anwendungsgebiete von Ant erhalten und sind nun gewappnet, um Build-Dateien zu erstellen, die Ihnen viel Arbeit abnehmen und Ihren Continuous Integration-Prozess komplexer gestalten können. Mit den Informationen der letzten Seiten sollten Sie über genügend Grundwissen verfügen, um diese Aufgabe zu meistern.

Auf den folgenden Seiten möchte ich detaillierter auf die Konfiguration von Benachrichtigungen eingehen sowie einige sehr interessante Möglichkeiten vorstellen – vielleicht kann ich Sie für die eine oder andere Variante begeistern.

## KAPITEL 7

Benachrichtigungen

Um die komplette Bandbreite von Continuous Integration verwenden zu können, sind Benachrichtigungen an die einzelnen Entwickler unumgänglich. Es muss gewährleistet sein, dass Meldungen über fehlgeschlagene Builds schnellstmöglich weitergeleitet werden, damit umgehend reagiert werden kann.

Jenkins bedient sich hierbei einer Vielzahl von möglichen Wegen – somit können Benachrichtigungen perfekt in jeden Workflow integriert werden.

E-Mail (Standard)

Im Lieferumfang des Servers ist aktuell nur die Möglichkeit einer E-Mail Benachrichtigung enthalten. Diese kann, wie bereits in Kapitel 4 *Das erste Projekt* beschrieben, sehr einfach innerhalb der jeweiligen Projektkonfiguration eingestellt werden.

Leider gibt es nur wenige Parameter, sodass E-Mail-Benachrichtigungen im Allgemeinen etwas schwachbrüstig sind. Wer sich allerdings nicht damit zufrieden geben will, dem sei das Plugin *Email-Ext* empfohlen, das eine Fülle von weiteren Konfigurationsparametern bereitstellt. So ist es beispielsweise möglich, *Jelly*-Skripte zu verwenden, um das Aussehen und die Informationen innerhalb der E-Mail komplett umzustrukturieren und damit an die jeweiligen Bedürfnisse anzupassen – für jeden Benachrichtigungs-Trigger können eigene E-Mail-Templates hinterlegt werden.

Weiterhin kann somit die Corporate Identity sichergestellt werden, falls Benachrichtigungen öffentlich versendet werden, zum Beispiel an Mailing-Listen und Ähnliches, da das Plugin auch HTML-E-Mails unterstützt. Der folgende Code zeigt eine simple exemplarische Implementierung eines Jelly-Skripts in HTML:

```
<j:jelly xmlns:j="jelly:core" xmlns:st="jelly:stapler"
    xmlns:d="jelly:define">
<BODY>
    <B>Build wurde mit dem Ergebnis <I>${build.result}</I>
        abgeschlossen.</B><BR/>
    Dauer: ${build.durationString}.<BR/><BR/>

    <TABLE>
        <TR><TD><B>Konsolenausgabe</B></TD></TR>
        <j:forEach var="line" items="${build.getLog(5)}">
            <TR><TD>${line}</TD></TR>
        </j:forEach>
    </TABLE>
</BODY>
</j:jelly>
```

Das obige Skript muss als *.jelly*-Datei in *$JENKINS_HOME/ email-templates* abgelegt werden – erstellen Sie den Ordner einfach, falls er noch nicht vorhanden ist. Setzen Sie außerdem das Dropdown *Content Type* auf *HTML (text/html)*. Danach können Sie Ihr Jelly-Skript im *Default Content*-Textfeld mit der folgenden Zeile ausgeben lassen.

```
${JELLY_SCRIPT,template="TEMPLATE-NAME OHNE ENDUNG"}
```

Vorteil der E-Mail-Methode ist die relativ hohe Existenzzeit einer E-Mail, da sie nach dem Löschen meist weiterhin auf dem Mailserver in einer Art Papierkorb existiert. Weiterhin müssen E-Mails explizit gelöscht werden, wenn sie einmal im Eingang liegen – somit ist die Chance sehr gering, dass Fehlschläge übersehen werden.

Nachteil dieser Variante ist das fast schon spamartige Versenden der Nachrichten bei großen Teams und vielen Projekten.

Da passiert es schnell, dass sich im Eingang über 100 E-Mails des CI-Servers befinden, vor allem, wenn vermehrt Builds fehlschlagen, was jedes mal zu einer neuen Nachricht führt. In solchen Fällen sollte überlegt werden, ob sich eine andere Benachrichtigungsmethode mehr anbietet beziehungsweise welche Jobs durch die einzelnen Entwickler wirklich abonniert sein müssen. Alternativ können Sie Ihre Projekte so konfigurieren, dass nicht bei jedem fehlgeschlagenen Build eine E-Mail versendet wird, was das Aufkommen beträchtlich verringert.

RSS

Das Medium RSS wird nach wie vor von vielen Internetnutzern kaum wahrgenommen, in der Entwicklerszene allerdings umso mehr. Viele verwenden bereits einschlägige RSS-Reader, um ihre Informationen von verschiedenen Webseiten zu bündeln und somit immer auf dem Laufenden zu bleiben.

Jenkins bietet für eben solche Nutzer die Möglichkeit, alle Builds oder nur Fehlschläge als RSS-Feed abzurufen. Unter dem Build-Verlauf eines Projektes kann über die entsprechenden Links, die eindeutig mit dem bekannten RSS-Symbol markiert sind, der Feed aufgerufen werden. Kopieren Sie sich anschließend nur noch die URL in den Feed-Reader Ihrer Wahl und schon sind Sie immer auf dem aktuellen Stand, während Sie Ihre Feeds nach neuen Techniknachrichten durchforsten.

Vorteilig ist eindeutig die sehr einfache Einrichtung. Viele Entwickler nutzen bereits RSS und sind mit dem Medium vertraut. Weiterhin ist es sehr schnell und kann vollkommen simpel in jede Applikation integriert werden – sehr interessant für Intranetprojekte und Ähnliches.

Als Nachteil stellen sich schnell die sehr dürftigen Informationen innerhalb des Feeds heraus – Sie müssen den Link im Feed explizit öffnen, um auf die Seite des Builds zu gelangen, die dann die eigentlich interessanten Informationen enthält.

Außerdem kann es schnell passieren, dass wichtige Fehlschläge übersehen werden, da oft eine Fülle von Feeds abonniert ist und somit leicht der Überblick verloren geht.

Instant Messaging

Wie in Kapitel 10 *Plugins* noch beschrieben wird, steht Ihnen eine Vielzahl von netten Plugins bereit, die dem CI-Server das Feature *Instant Messaging* nachzurüsten. Aktuell können Sie zwischen den Protokollen Jabber, IRC und Skype wählen, um sich vom Jenkins-Bot über Builds benachrichtigen zu lassen.

Neben der E-Mail-Variante ist dies, wie ich finde, die interessanteste aller möglichen Arten. Sie bietet einen hohen Komfort und gleichzeitig eine einfache Einrichtung. Mindestens eine der oben genannten Chat-Protokolle wird in den meisten Firmen bereits eingesetzt – somit ist schon eine gute Basis für die weitere Verwendung gegeben. Es müssen keine weiteren Programme installiert werden und über die eingebauten Befehle des Chat-Bots ist es auch noch leicht, schnell an Informationen über den aktuellen Status zu gelangen.

Problematisch kann es natürlich sein, wenn viele Benachrichtigungen versendet werden – sollten Chat-Systeme hochfrequentiert sein und überdurchschnittlich stark verwendet werden, kann es leicht passieren, dass Builds übersehen werden, wie beim RSS-Feed. Allerdings kann diese Problematik durch das Aktivieren eines Chat-Protokolls relativ gut umgangen werden.

Short Messaging Service (SMS)

Wer viel unterwegs ist und/oder nicht ständig Zugriff auf E-Mails und Internet hat, der wird sich für SMS-Benachrichtigungen interessieren, die sich relativ schnell und einfach einrichten lassen. Wer bereit ist, für diesen Komfort einen kleinen Geldbetrag zu investieren, kann sich innerhalb kürzester Zeit über Kurznachrichten seines Jenkins-Servers freuen.

Neben der Einrichtung auf Jenkins-Seite ist außerdem noch ein Zugang zu einer SMS-Gateway nötig, die die eigentliche Nachricht abschickt. Solche Anbieter tummeln sich zur Genüge im Internet und sind über die einschlägigen Suchmaschinen leicht zu finden. Achten Sie allerdings darauf, ob die Anbieter professionell und seriös sind. Unter Umständen könnten Sie nach außen hin schnell als Spamversender abgestempelt werden.

Da die Gateway über eine simple E-Mail-Adresse angesprochen wird, ist es nicht nötig, ein spezielles Plugin für den CI-Server einzurichten. Das verringert natürlich den Aufwand und minimiert das Fehlerpotenzial. Das heißt, um die Benachrichtigung zu aktivieren, reicht es, die von Ihrem Gateway-Anbieter bereitgestellte E-Mail-Adresse, wie bereits in früheren Kapiteln beschrieben, innerhalb des Jobs unter *E-Mail Benachrichtigung* einzutragen. Sie erhalten dann dieselben Daten wie aus den normalen E-Mails gewohnt direkt auf Ihr Handy.

Mobile Benachrichtigung

Für die gängigsten mobilen Smartphone-Systeme wie zum Beispiel iOS (*Hudson* Helper) und Android (*Hudson Mood Widget*) liegen bereits fertige Apps und Widgets vor, die Ihre Jenkins-Instanz überwachen und Sie bei Fehlschlägen direkt auf Ihrem Smartphone über das jeweilige Benachrichtigungssystem in Kenntnis setzen.

Grundvoraussetzung für einen reibungslosen Betrieb ist eine Verbindung zum Internet. Gegebenenfalls ist eine Flatrate für den mobilen Internetzugang via UMTS nötig; auch wenn es sich bei diesen Applikationen meist nur um sehr kleine Datenpakete handelt, kann dies je nach Vertrag dennoch zu unerwünschten Kosten führen.

Weiterhin sollten Sie darauf achten, dass der Jenkins-Server öffentlich erreichbar ist. Das soll nicht heißen, jeder hat ohne Login Zugriff auf alles, aber der Server selbst muss über eine öffentliche URL auflösbar sein, damit sich die mobilen Clients verbinden können. Je nach Funktionsumfang der Apps stehen verschiedene Möglichkeiten der Authentifizierung bereit, die Sie einsetzen können, um den Server weiterhin nur für Teammitglieder einsehbar zu machen und dennoch Zugriff auf die jeweilige Applikation zu gewähren.

Desktop

Eclipse

Wer die IDE Eclipse verwendet, kann sich sehr leicht aktuelle Benachrichtigungen seines Jenkins-Servers anzeigen lassen. Da Sie als Eclipse-Nutzer ohnehin die meiste Zeit des Tages innerhalb der Entwicklungsumgebung verbringen, ist dies eine sehr effiziente Möglichkeit, Nachrichten zu empfangen.

Die Einrichtung geht schnell von der Hand. Sie müssen lediglich das Eclipse-Plugin für Jenkins *(http://code.google.com/p/ hudson-eclipse)* installieren. Lassen Sie sich nicht von der URL verwirren, Hudson-Plugins sind im Regelfall zu 100% kompatibel mit dem Jenkins-Server – wenn nicht, ist dies separat in der Beschreibung angemerkt.

Nach der Installation müssen Sie nur noch die entsprechende URL zu Ihrem CI-Server einstellen und schon können über den *Hudson*-Tab die einzelnen Builds und deren Ergebnisse abgefragt werden. Beachten Sie allerdings, dass dieses Plugin nur einen Jenkins-Server abfragen kann. Sollten Sie also mehrere Server für verschiedene Projekte einsetzen, empfiehlt sich eher der Einsatz einer anderen Benachrichtigungsoption.

Java Tray Application

Nutzer des Jenkins-Plugins *Tray Application* erhalten auf der Startseite des Servers einen neuen Link, der aus dem Browser heraus ein neues Java-Fenster öffnet. Dieses nistet sich in Ihren System-Tray ein und beliefert Sie mit Popups und anderen

Benachrichtigungen Ihres Jenkins-Servers. Es ist keine weitere Konfiguration vonnöten, da der Link die jeweiligen Parameter bereits setzt. Beachten Sie hierbei, dass die Anwendung auf Ihrem lokalen Rechner ausgeführt wird und daher dessen Ressourcen nutzt. Dementsprechend muss die Java-Laufzeitumgebung installiert sein.

Weitere Desktop-Optionen

Es gibt noch viele weitere Varianten, sich auf seinem Desktop-Rechner benachrichtigen zu lassen. Systeme wie *Notify-OSD* für Linux oder *Growl* für Mac OS können ebenfalls eingebunden werden. Für Growl steht bereits ein Plugin zum Download bereit (*http://wiki.jenkins-ci.org/display/JENKINS/Growl+Plugin*), Nutzer von NotifyOSD könnten dies allerdings ebenfalls sehr leicht über die Bordmittel eines jeden Linux-Systems realisieren.

Sonstige

Jenkins verfügt noch über viele weitere Möglichkeiten, Entwickler und andere Projektmitglieder über Erfolg und Misserfolg eines Builds zu benachrichtigen. Die bisher genannten stellen im Grunde die Standardverfahren dar. Allerdings gibt es immer wieder spezielle Fälle, in denen keine der obigen Möglichkeiten sinnvoll oder ausreichend ist. Manchmal sind sie auch einfach zu langweilig.

HTTP/TCP/UDP

Über das Notification-Plugin (*http://wiki.jenkins-ci.org/display/JENKINS/Notification+Plugin*) erhalten Sie eine sehr interessante und individuell einsetzbare Art der Benachrichtigung. Diese Erweiterung sendet an eine in der Konfiguration eingegebene URL ein JSON-Request, das Sie dann gesondert behandeln können. Das Format der JSON-Anfrage baut auf dem folgenden Schema auf:

```json
{"name":"JobName",
 "url":"JobUrl",
 "build":{
        "number":1,
        "phase":"STARTED",
        "status":"FAILED"
        }
}
```

Sie können neben der URL auch das Protokoll der Anfrage wählen. Aktuell stehen Ihnen HTTP, TCP und UDP zur Verfügung.

Ein mögliches Einsatzgebiet wäre etwa innerhalb einer internen Anwendung wie einer Groupware oder einem hauseigenen Bugtracker. Vielleicht wollen Sie auch einfach nur E-Mails versenden und sind mit den Optionen der Jenkins-Plugins für diesen Zweck nicht zufrieden. Die Möglichkeiten sind enorm, da Sie das JSON in jeder Ihnen bekannten Programmiersprache mit JSON-Support weiterverarbeiten können. Wenn Sie ein Freund von maßgeschneiderten Lösungen sind, kann ich Ihnen dieses Plugin wärmstens empfehlen.

Geräte und Lampen

Wem alles andere zu langweilig ist, dem seien die folgenden Vorrichtungen ans Herz gelegt. Jenkins kann an verschiedene Geräte wie Lavalampen, Ampeln und andere USB-Hardware gekoppelt werden. Somit wäre es zum Beispiel möglich, eine Ampel in der Mitte eines Büros zu platzieren, die über den Erfolg oder Misserfolg des letzten fertiggestellten Builds informiert. Das Gleiche wäre mit verschiedenen Lavalampen oder Ähnlichem möglich. Die Einrichtung erfordert etwas mehr Aufwand, weswegen ich an dieser Stelle nicht näher darauf eingehen werde. Im Internet finden sich allerdings jede Menge Anleitungen von verschiedenen Firmen, meist mit einigen sehr lustigen Bildern.

Neben dem eigentlichen Effekt, den die kontinuierliche Integration bietet, nämlich dem schnellen Aufdecken von Fehlern, stellt sich bei der Verwendung einer solchen Ampel eine neue

Art der Motivation ein. Wird die Ampel nach dem Commit eines Entwicklers rot (einige dieser Ampeln unterstützen sogar einen Alarm), wird sich der Entwickler beim nächsten Commit seinen Code mit Sicherheit genauer anschauen, um die höchst präsente Ampel nicht wieder zum Erröten zu bringen.

Ein kleiner Wermutstropfen bleibt leider auch bei diesen netten Gimmicks – da es sich nur um simple Lampen handelt, kann nicht festgestellt werden, um welches Projekt es sich handelt. Daher empfiehlt sich der Einsatz eines solchen Instruments nur, wenn Sie tendenziell an einem großen Projekt arbeiten, wie zum Beispiel bei den meisten Start-ups. Weiterhin können Sie natürlich auch für jedes Projekt eine eigene Ampel aufstellen. Wenn es allerdings in Ihrem Büro nach einiger Zeit wie in New York aussieht, sollten Sie Ihre Benachrichtigungsstrategie eventuell noch einmal überdenken.

Twitter

Der Microblogging-Dienst *Twitter* ist nunmehr seit einigen Jahren sehr präsent in der Internetgemeinschaft und erfreut sich nach wie vor großer Beliebtheit. Da verwundert es nicht, dass es bereits eine fertige Erweiterung gibt, die Ihren Continuous Integration-Server an Twitter anbindet. Das Plugin (*http://wiki.jenkins-ci.org/display/JENKINS/Twitter+Plugin*) ist schnell installiert und verlangt nur wenig Konfigurationsaufwand.

Danach werden alle Resultate Ihrer Builds automatisch auf Twitter veröffentlicht. Dies hat zweierlei Effekte. In erster Linie können die Teammitglieder mit ihrem eigenen Account als Follower aktiv werden. Somit erhalten die einzelnen Personen direkt über ihren Friendstream den aktuellen Status des Servers. Zum anderen können Anwender der Software das Gleiche tun und werden somit ständig über den aktuellen Stand der Entwicklung informiert. Gerade für Programme, die oft auch schon im Betastatus und als Nightly Builds genutzt werden, ist dies sehr interessant.

Die Nutzer ersparen sich somit das Prüfen der Webseite auf neue Versionen und deren Stabilität und Sie müssen nicht separat Meldungen auf der Webseite veröffentlichen, was natürlich einiges an Aufwand spart.

Abschluss

Ich hoffe, ich konnte Ihnen in diesem Kapitel einen guten Überblick über die Möglichkeiten von Benachrichtigungen durch einen Jenkins-Server geben. Sie sollten sich für die Auswahl der richtigen Technik und deren Installation wirklich etwas Zeit nehmen, da es eine Entscheidung auf Dauer ist. Sie möchten ja sicher nicht ständig die Art und Weise Ihrer Benachrichtigungen wechseln.

Die Auswahl des richtigen Systems kann je nach Team und Projekt stark variieren. Es lohnt sich definitiv, den ein oder anderen Gedanken mehr zu investieren, um ein befriedigendes System zu haben. Nutzen Sie nicht vorschnell blanke E-Mail-Notifikationen, nur weil diese bereits im Lieferumfang des Jenkins enthalten sind – in vielen Fällen passen andere Systeme besser in Ihren Workflow und werden Sie auf Dauer glücklicher machen.

## KAPITEL 8

Automatisiertes Deployment

Das Schlagwort *Deployment* ist seit einigen Jahren immer mehr in den Vordergrund getreten. Wurden früher Applikationen einfach per FTP oder SCP auf die jeweiligen Server hochgeladen, bedient man sich in der heutigen Zeit ausgefeilteren Techniken. Zum einen erspart ein automatisiertes Deployment natürlich Zeit und damit Geld. Auf der anderen Seite, und das ist meist bedeutend wichtiger, wird durch die Automatisierung der Prozess der Veröffentlichung ständig vollkommen gleich ausgeführt.

Je komplexer manuelle Deployments werden, desto fehleranfälliger werden sie. Bei der manuellen Durchführung werden schnell Dateiberechtigungen, Migrationen und Ähnliches vergessen – oft mit fatalen Folgen. Um dies zu umgehen, stehen verschiedene Möglichkeiten bereit, auf die ich im Folgenden kurz eingehen und anhand eines Beispieles die Verwendung in Verbindung mit Jenkins erläutern werde.

Anwendung auf Jenkins-Seite

Die einfachsten Möglichkeiten, eine Applikation mithilfe des Jenkins-Servers automatisch zu veröffentlichen, sind das bereits besprochene Ant sowie Shellskripte. Diese können wiederum verschiedene Werkzeuge wie Git oder rsync verwenden, um das eigentliche Deployment durchzuführen. Entwickler von Java-Programmen können außerdem auf die native Unterstützung des CI-Servers für Java-Deployments zurückgreifen.

Verwendung von Deployment-Werkzeugen

Auch wenn ich am Anfang des Kapitels etwas negativ über Vertreter wie SCP geschrieben habe, so haben diese dennoch auch in der modernen Softwareentwicklung ihre Berechtigung. Gerade bei kleinen Projekten, die nur auf einem Server laufen und kaum Abhängigkeiten haben, muss nicht immer zu einem komplexen Deployment-Werkzeug gegriffen werden. Das automatisierte Kopieren der nötigen Dateien kann in solchen Fällen auch einfach via SCP oder dem Urgestein *rsync* erfolgen.

Alte Schule

Vertreter dieser »Kategorie« bieten sich sowohl für kleine als auch für große Projekte an, wobei das Hauptaugenmerk eher auf kleineren liegen sollte, da Performance und Wartbarkeit je nach Anwendungstyp bei großen Projekten sinken kann. Als Pluspunkt ist die hohe Akzeptanz und Stabilität dieser Werkzeuge anzumerken. rsync wird beispielsweise schon seit geraumer Zeit von Entwicklern auf der ganzen Welt verwendet – Sie werden also keinerlei Probleme haben, Anleitungen und Lösungen im Internet zu finden. Sollten Sie in einem Team arbeiten, haben Sie höchstwahrscheinlich sogar einige Kollegen mit Erfahrung in mindestens einem der Programme im Boot.

SCP

SCP ist ein relativ einfaches Protokoll, um Dateien **sicher** von einem Ort zum anderen zu kopieren – auch gerne von Server zu Server. Der Prototyp eines SCP-Befehls sieht so aus:

```
$ scp app.rb nutzer:passwort@host:/home/app.rb
```

Der obige Befehl transferiert die Datei *app.rb* als der angegebene Nutzer auf den definierten Host und speichert diese wieder als *app.rb* ab. Dieses Beispiel können Sie so direkt

verwenden, wenn Sie mit einem Shellskript-Build-Schritt arbeiten. Dasselbe Kommando als Ant -arget würde folgendermaßen lauten:

```
<target name="deploymentViaSCP">
    <scp file="app.rb" todir="nutzer:passwort@host:/home/
        app.rb" />
</target>
```

Alternativ kann das Passwort als eigenes Argument angegeben werden:

```
<scp file="app.rb" todir="nutzer@host:/home/app.rb"
    password="passwort" />
```

Hierbei wird das Passwort automatisch escaped, was bei der
Verwendung des ersten Beispiels nicht geschieht und gegebenenfalls zu Problemen führen kann, wenn das Passwort spezielle Zeichen wie einen Doppelpunkt enthält. Wer sein Passwort
nicht im Klartext in eine Datei schreiben will, der kann auch
SSH-Keys verwenden.

Das Problem bei dieser Art des Deployments ist die extreme
Simplizität des Prozesses. Zwar können Sie via SCP ganze Projekte sehr leicht auf einen Server deployen, allerdings fehlen
Ihnen wichtige Funktionalitäten wie Datenbankmigrationen
oder Rollbacks, die Sie durch weitere Werkzeuge und Build-
Schritte abbilden müssten. Oft kann es sein, dass Sie ohnehin
spezielle Build-Schritte hinzufügen, da Ihre Applikation komplexe Mittel zum Aufbau der Datenbank verwendet oder auf
externe Anwendungen zugreift. Dennoch sollten Sie SCP nur
verwenden, wenn die Applikation wenig kritisch ist und nur
relativ selten deployt wird.

Als weiteres Problem ist anzumerken, dass SCP immer alle
angegebenen Pfade auf das Ziel kopiert, egal ob einige der Dateien und Ordner bereits vorhanden sind oder nicht. Wenn
Sie also eine 100 Megabyte große Anwendung deployen
möchten, wird immer das gesamte Projekt transferiert, was
natürlich einerseits sehr lange dauern kann und unglaublich
viele Ressourcen frisst und andererseits zu Problemen bei der

Auslieferung der Seite führen kann, wenn bestimmte Dateien gerade nicht verfügbar sind, da sie überschrieben werden. Sie müssten dann vorher in eine Art Wartungsmodus gehen, oder mittels Symlinks das Projekt erst nach der Fertigstellung des Uploads auf den aktuellen Ordner umschwenken.

Um solche großen Datenmengen zu synchronisieren und nur die Teile hochzuladen, die auch wirklich verändert wurden, bietet sich das Programm *rsync* an.

rsync

rsync wird seit vielen Jahren verwendet, um Dateien und Ordner inkrementell oder vollständig von einem Ort zum anderen zu bewegen. Vor allem aus der Unix-Welt ist dieses Werkzeug nicht mehr wegzudenken. Durch ein gleichnamiges Protokoll ist es möglich, nur die Änderungen zwischen dem Quellsystem und dem Zielsystem zu kopieren und somit beträchtlichen Netzwerkverkehr einzusparen.

WARNUNG

rsync kann ausschließlich unidirektional arbeiten, das heißt Änderungen auf dem Quellsystem können sehr einfach inkrementell verarbeitet werden, Änderungen auf dem Zielsystem werden allerdings gänzlich überschrieben. Es wird somit also kein Merge oder Ähnliches durchgeführt. Dies sollten Sie beim Aufbau Ihres Deployment-Prozesses beachten, auch wenn Änderungen auf dem Zielsystem eher selten vorkommen dürften und sollten.

Wenn man rsync auf der Konsole ohne Parameter ausführt, erhält man eine recht lange Hilfemeldung, die über mögliche Optionen und Flags Auskunft gibt. Wie unschwer zu erkennen ist, ist rsync extrem mächtig und kann höchst flexibel konfiguriert werden. Alle Parameter einzeln zu erklären würde den Rahmen dieses Buches mehr als sprengen, deshalb werde ich mich auf die wichtigsten beschränken.

Um das aus dem Abschnitt über SCP bekannte Beispiel in rsync umzusetzen, können Sie auf das folgende Kommando zurückgreifen. In diesem Fall wird allerdings der komplette Ordner rekursiv deployt. Der einzelne Punkt steht bekanntlich für das aktuelle Verzeichnis, also den Hauptordner des Arbeitsverzeichnisses.

```
$ rsync -avzH -e ssh . nutzer@host:~/htdocs
```

Die Verbindung wird in diesem Exempel via SSH aufgebaut und setzt einen eingerichteten SSH-Key voraus, deshalb taucht kein Passwort auf. Abgesehen von den speziellen rsync-Parametern gleicht der Aufruf also dem des SCP in vielen Belangen. In der folgenden Tabelle sind sowohl die im Beispiel verwendeten als auch einige weitere interessante Flags aufgeführt, um Ihnen einen groben Überblick über die Möglichkeiten von rsync zu geben.

Parameter	Erklärung
-a oder --archive	Dient als eine Art Sammelkommando und beinhaltet bereits einige andere Flags, darunter das rekursive Abarbeiten eines angegebenen Ordners sowie das Beibehalten der Dateirechte
-v oder --verbose	Erweiterte Ausgabe zu Debug-Zwecken
-z oder --compress	Komprimiert die Daten vor dem Senden, was einerseits den Netzwerkverkehr reduziert, andererseits die Geschwindigkeit erhöht
-h oder --hard-links	Harte Links bleiben beim Synchronisieren erhalten
-q oder --quiet	Viele Ausgaben unterdrücken, das genaue Gegenteil von Verbose
-p oder --perms	Rechte bleiben beim Synchronisieren erhalten
-n oder --dry-run	Eine Art Testlauf. Sehr wichtig beim Einrichten des rsync-Kommandos. Das Programm zeigt Ihnen durch diese Option alle Dateien, die aufgrund der aktuellen Konfiguration und den Änderungen transferiert werden **würden**, um diesen Vorgang tatsächlich durchzuführen.

Parameter	Erklärung
--exclude	Sollte Ihnen der Testlauf Dateien aufzeigen, die verändert wurden, Sie diese aber dennoch nicht senden möchten, können Sie diese über den Exclude-Befehl entfernen. Es wird ein Pattern erwartet, wobei selbstverständlich Platzhalter erlaubt sind. Wenn Ihre Anforderungen über ein Pattern nicht umzusetzen sind, können mehrere Exclude-Befehle eingegeben werden. Ein Paradebeispiel ist das Auslassen der .svn-Ordner innerhalb eines Subversion-Repository.

Für die Verwendung von rsync innerhalb eines Ant-Targets gibt es leider keinen nativen Task, was bedeutet, es muss auf den Exec-Task zurückgegriffen werden. Das obige Beispiel als Ant-Target könnte wie folgt aussehen:

```
<target name="deploymentViarsync">
    <exec executable="rsync" failonerror="true">
        <arg value="-avzH" />
        <arg value="-e" />
        <arg value="." />
        <arg value="nutzer@host:~/htdocs" />
    </exec>
</target>
```

Etwaige weitere Parameter und Optionen können dann leicht über eine weitere arg value-Zeile hinzugefügt werden.

rsync bietet sich also im Grunde bei so gut wie allen Projekten an, da es inkrementell arbeitet und somit eine hohe Geschwindigkeit erreicht. Anzumerken wäre noch, dass das rsync-Protokoll auch sehr schnell arbeitet, wenn Projekte initial transferiert werden. In Verbindung mit der Variable $BUILD_NUMBER oder dem aktuellen Datum und Symlinks kann eine schöne Release-Struktur aufgebaut werden, indem nach der Fertigstellung des Transfers der Documentroot der Domain auf den neuen Ordner geleitet wird. Die folgende Ordnerstruktur wird so oder so ähnlich bei vielen Projekten eingesetzt und hat sich als sehr praktikabel erwiesen. Es handelt sich primär um eine Struktur für den Einsatz in Webseiten-Deployments, kann allerdings auch für andere Applikationen benutzt und abgewandelt werden.

```
/htdocs
    /releases
            /20110811
            /20110812
            /20110815
    /current -> /releases/20110815
```

Der *releases*-Ordner enthält also mehrere Release-Versionen der Applikation, benannt nach dem Datum, an dem das jeweilige Deployment erfolgte. Sollten mehrmals pro Tag Deployments durchgeführt werden, kann auch ein Timestamp oder wie bereits angesprochen die Jenkins-interne Build-Nummer verwendet werden. Der *current*-Ordner dient als Documentroot der Webseite und wird durch einen gesonderten Build-Schritt oder direkt innerhalb des Build-Skripts auf den neuen Release-Ordner gesymlinkt. Im Falle eines Fehlers kann somit schnell auf eine der alten Versionen zurückgesprungen werden. Sie sollten aufgrund der anfallenden Größe von Zeit zu Zeit den Releases-Ordner aufräumen oder dies am besten direkt von Ihrem Deployment-Skript erledigen lassen.

PEAR, CPAN, PyPi, RubyGems und weitere

Vor allem in der Open Source-Szene ist es gebräuchlich, Applikationen über bestimmte Wege, neben dem einfachen Download von einer Webseite, für die Nutzer zugänglich zu machen. Oft können Kommandozeilenprogramme eingesetzt werden, um Erweiterungen und Ähnliches zu installieren. PEAR (*http://pear.php.net*), CPAN (*http://www.cpan.org*), PyPi (*http://pypi.python.org*) und RubyGems (*http://rubygems.org*) sind solche Vertreter und decken die Sprachen PHP, Perl, Python und Ruby ab. Für viele weitere Sprachen und Frameworks existieren ähnliche Werkzeuge.

Die Verwendung der einzelnen Vertreter und das Bauen von Paketen ist sehr unterschiedlich und variiert zu stark, um es in diesem Buch zu beschreiben. Grundsätzlich bieten alle ein ähnliches Schema. Sie erstellen mithilfe von verschiedenen Kommandozeilenwerkzeugen ein Paket, das dann auf einen öffentlichen Server geladen wird, auf den Nutzer später zugreifen können und das Paket mittels der integrierten Paketverwaltung installieren können. Diese Art des Deployments wird wie bereits angemerkt meist in der Open Source-Community eingesetzt und ist für Kundenprojekte meist nur sehr bedingt bis gar nicht relevant. Anmerken möchte ich noch, dass es für PEAR eigene Tasks innerhalb des in PHP geschriebenen Ant-Ablegers Phing (*http://www.phing.info*) gibt. Bei Interesse sollten Sie sich diese Implementierung näher anschauen.

New Kids on the Block

Neben den alt bekannten Programmen und Werkzeugen haben sich in den letzten Jahren einige neue Vertreter und Möglichkeiten aufgetan, die das Deployment teilweise stark vereinfachen und zu einem sehr einfachen Prozess machen. Im Folgenden werde ich auf einige dieser Optionen eingehen und deren Verwendung erläutern.

Natürlich ist nicht jede für Sie interessant und vor allem aufgrund einer bereits vorhandenen Struktur durchführbar, allerdings kann ein Blick über den Tellerrand nie schaden, vielleicht finden Sie Gefallen an dem ein oder anderen Tool und merken es in der nächsten Projektplanung mit vor.

Git

Das Deployment via Git stellt in den meisten Fällen eine sehr saubere, einfache und robuste Strategie dar, um neue Releases und Fehlerbehebungen zu deployen.

Eine Option wäre es, einen *Pull* (in Subversion-Kreisen als *Update* bekannt) durchzuführen. Hierfür muss allerdings eine SSH-Verbindung bestehen und das Kommando muss direkt auf dem Zielserver ausgeführt werden. Beispielhaft könnte eine solche Lösung wie folgt aussehen:

```
ssh deploy@127.0.0.1 <<ssh-session
git pull origin master
ssh-session
```

Dieser Codeblock sollte am besten als Build-Schritt mit der Option *Shell ausführen* verwendet werden. Die Einbettung in ein Ant-Skript würde sich hierbei eher weniger anbieten, ist aber dennoch möglich.

Im Grunde passiert hier kein Hexenwerk. Zuerst wird eine Verbindung via SSH aufgebaut, danach wird der *Pull* des Master-Branches initiiert und ein Ant-Skript für die Migration der Datenbank durchlaufen. Das Problem an dieser Vorgehensweise ist die Ausführung des eigentlichen Kommandos auf dem Zielserver. Natürlich ist dies ein gangbarer Weg, allerdings wäre es doch um einiges sauberer und einfacher, wenn der eigentliche Befehl auf dem Jenkins-Server ausgeführt wird. Außerdem könnte dann einfacher ein manuelles Deployment durchgeführt werden, ohne sich erst verbinden zu müssen.

Dies kann mittels Git tatsächlich auch sehr leicht umgesetzt werden, dank des Systems der verteilten Versionsverwaltung. Git erlaubt die Verwendung von mehreren Remotes innerhalb eines Repository. Zur Erklärung: Da Git wie bereits angemerkt verteilt arbeitet, kann das geklonte (ausgecheckte) Repository einen Pull auf verschiedene Server durchführen, egal von welchem Sie initial geklont haben. Das Gleiche gilt für das Pushen (in SVN committen) von Änderungen. Sie können während des Push-Vorgangs angeben, auf welchen Server die Änderungen gelangen sollen. Ein Remote stellt also eine Serveradresse und einen Pfad dar.

Das Besondere an Remotes ist außerdem, dass alle einen eigenen Namen tragen. Der Server, von dem initial geklont wurde, wird standardmäßig *origin* genannt, muss es aber nicht. Alle weiteren können ebenfalls frei gewählt werden. Durch prägnantes Naming der Remotes wird der Deployment-Vorgang fast zum blanken Schreiben von englischem Text. Ein Beispiel.

Mit dem folgenden Befehl fügen Sie einen neuen entfernten Server hinzu:

```
$ git remote add live git@domain.de:~/app
```

Dieser trägt den Namen live und ist ab sofort über diesen referenzierbar. Danach erfolgt das Deployment folgendermaßen auf eben diesen Server:

```
$ git push live master
```

Das Kommando könnte also wie folgt gelesen werden: »Git, bitte pushe den aktuellen Stand des Master-Branch auf den Liveserver.« Um den aktuellen Entwicklungs-Branch auf einen *stage* benannten Server zu deployen, könnte das Kommando entsprechend lauten:

```
$ git push stage develop
```

Sie sehen, die Anwendung ist extrem einfach und kann leicht auf eine größere Anzahl von Servern erweitert werden. Zu beachten gilt es, dass sowohl der Jenkins-Nutzer als auch Sie über die entsprechenden Rechte verfügen, einen Push durchzuführen sowie über einen eingerichteten SSH-Key auf dem jeweiligen Zielserver verfügen. Weiterhin muss berücksichtigt werden, dass Git nur auf Bare-Repositories pushen kann. Das bedeutet, auf den jeweiligen Server muss der Zielordner vorher leer angelegt und über folgenden Befehl als Bare (Grundgerüst) eingerichtet werden:

```
$ git init --bare
```

Natürlich besteht bei der oben genannten Deployment-Strategie keine Möglichkeit mehr, weitere Schritte wie Ant-Skripte oder Datenbankmigrationen auszuführen, was eventuell aber auch nicht nötig ist. Falls doch, sollten diese über einen weiteren, nachgelagerten Build-Schritt implementiert werden.

Wer die Git-Befehle gerne in einem Ant-Skript behandeln will, kann dies natürlich auch tun. Da es aktuell allerdings leider noch keinen nativen Git-Task für Ant gibt, müssen Sie sich vorläufig mit dem Exec-Task begnügen.

```
<exec executable="git" failonerror="true">
   <arg line="push live master" />
</exec>
```

Capistrano

Ruby On Rails-Entwickler kennen es schon, andere Webentwickler lernen es gerade lieben: Capistrano (*http://github.com/capistrano/capistrano/wiki*). Über einfach gehaltene Ruby-Skripte kann ein komplexes Deployment arrangiert werden, egal um welche Sprache es sich bei Ihrer Applikation handelt. Auch wenn Sie noch nicht mit der Sprache Ruby gearbeitet haben, sollten Sie dennoch einen Blick auf Capistrano werfen. Ruby ist sehr leicht zu erlernen, außerdem ist der Aufbau von Capistrano-Skripten extrem einfach gehalten. Durch eine hohe Anzahl von Anleitungen im Internet finden Sie sicher Hilfe, wenn Sie das Skript erweitern möchten und dabei auf Probleme stoßen.

Natürlich benötigen Sie zuerst eine installierte Version der Programmiersprache Ruby. Auf den gängigsten Systemen ist dies sehr einfach zu realisieren – Mac OS X wird bereits mit Ruby ausgeliefert. Des Weiteren muss das eigentliche Werkzeug installiert werden. Die bevorzugte Variante ist die Installation über RubyGems. Öffnen Sie dazu eine Konsole und führen Sie das folgende Kommando aus, eine installierte Ruby-Version vorausgesetzt:

```
$ gem install capistrano
```

Um ein Projekt unter Veraltung von Capistrano zu stellen, muss dieses zuallererst »capifyed« werden. Doch keine Angst, diese Aktion erstellt lediglich einige für den Deployment-Prozess wichtige Dateien, unter anderem das eigentliche Skript. Und so lautet der entsprechende Befehl:

```
$ cd projektverzeichnis
$ capify .
```

Capistrano erstellt nun wie angemerkt ein *Capfile* sowie das eigentliche Deployment-Skript *deploy.rb* im *config*-Ordner. Wenn Sie die Ruby-Datei nun in Ihrem favorisierten Editor öffnen, sehen Sie einige wenige Zeilen Ruby-Code, das meiste davon auskommentiert. Durch die prägnante Benennung der

---

Variablen sollte es Ihnen nicht sonderlich schwer fallen, die entsprechenden Änderungen vorzunehmen. Achten Sie vor allem auf die auskommentierten Codeteile – diese enthalten wertvolle Informationen, um weitere Einstellungen vorzunehmen. Das folgende Beispiel enthält die exemplarische Implementierung eines Capistrano-Deployments. Versuchen Sie einfach einmal zu verstehen, was genau getan wird. Sicher können Sie auch ohne Ruby-Kenntnisse zumindest erahnen, welche Aktionen der Code durchführt. Natürlich werde ich die einzelnen Zeilen noch einmal kurz erklären.

```
set :user, 'deploy'
set :domain, 'domain.tld'

set :application, 'Blog'
set :repository, 'ssh://git@domain.tld/~/blog.git'

set :scm, :git
set :branch, 'develop'

set :use_sudo, false

set :deploy_to, '~/blog'
set :deploy_via, :remote_cache

role :web, domain

set :ssh_options, { :forward_agent => true }

default_run_options[:pty] = true
```

Einige der Codezeilen mögen Ihnen vielleicht nicht direkt beim ersten Hinsehen vollständig klar sein, dennoch ist offensichtlich, dass es sich um einen Git-gestützten Deployment-Prozess handelt, der den Branch *develop* verwendet.

Über den Parameter *user* stellen Sie den Nutzer des Liveservers ein sowie mit *domain* den entsprechenden Host, der weiter unten im Skript wiederverwendet wird. *Application* regelt lediglich den Namen der Anwendung. Spannend wird es bei der Option *repository*, die den Pfad zum Git-Verzeichnis enthalten muss – vorausgesetzt, Sie verwenden Git, was Sie entsprechend über den *scm*-Parameter konfigurieren können. Außerdem können Sie noch den Branch angeben, der für den Pull-Vorgang verwendet wird. Da kein Passwort angegeben ist, muss ein SSH-Key eingerichtet sein. Hierfür muss über die Option *forward_agent* das Durchleiten des SSH-Agents eingeschaltet werden. Wenn kein SSH-Key eingerichtet ist, kann über den Parameter *scm_passphrase* direkt im Skript ein Passwort hinterlegt werden.

Um die einzelnen Befehle später nicht mit dem *sudo*-Kommando auszuführen, kann *use_sudo* wie in diesem Fall auf *false* gesetzt werden.

Die beiden *deploy*-Variablen sind ebenfalls enorm interessant. Die erste stellt den Pfad dar, in den die Applikation deployt werden soll, die zweite die Art und Weise des Deployments. In der folgenden Tabelle finden Sie die möglichen Arten von *deploy_via*-Deployment-Strategien sowie deren Erklärung.

Strategie	Erklärung
remote_cache	Die wahrscheinlich beste Option unter Git. Legt ein Repository auf dem Zielserver an und führt auf diesem nur noch einen Fetch aus, um die Änderungen einzuspielen. Auf dem Zielserver muss dazu eine installierte Git-Umgebung vorliegen.
export	Nur für Projekte unter Subversion verfügbar. Ruft einen Subversion-Export auf, der den Projektinhalt ohne *.svn*-Ordner zurückliefert. Dieser wird dann auf den Liveserver geladen.
copy	Checkt das Projekt lokal aus und komprimiert die Dateien in ein Archiv, um sie dann via SFTP auf den Zielserver zu kopieren. Nützlich, wenn auf dem Liveserver kein Zugang zu Git verfügbar ist.
checkout	Führt jedes Mal einen kompletten Checkout des Projekts auf dem Zielsystem aus. Dies ist das Standardverhalten und wird eingesetzt, wenn *deploy_via* nicht separat konfiguriert ist.

Über Rollen können mehrere Einträge für Webserver, Application-Server und Datenbanken eingerichtet werden. In diesem Fall ist eine einzige Rolle mit dem bereits in der Variable *domain* definierten Ziel-Host als Wert vollkommen ausreichend. Für die Verwendung von mehreren Hosts und Datenbankservern empfehle ich Ihnen die sehr gute Dokumentation von Capistrano auf Github:

http://github.com/capistrano/capistrano/wiki

Die letzte Zeile des Skripts weist Capistrano an, interaktive Eingabeaufforderungen an den Anwender weiterzuleiten. Wenn diese Option nicht gesetzt ist, kann es ab Capistrano 2.1 zu Problemen beim Deployment kommen, wenn zum Beispiel Passwörter abgefragt werden.

Sie können nun Ihre Einstellungen testen, indem Sie eine Trockenübung durchlaufen, die über einen speziellen Parameter initiiert werden kann.

```
$ cap deploy -n
```

Dieser Befehl führt das Deployment nicht wirklich aus, sondern simuliert es nur und gibt die entsprechenden Resultate aus. Sollten während dieses Testlaufs Probleme auftreten, können Sie eine spezielle Analysefunktion ausführen, die Ihnen genauere Informationen liefern kann. Das Kommando hierfür lautet wie folgt:

```
$ cap deploy:check
```

Erst wenn keine Fehler mehr angezeigt werden, ist es an der Zeit, das eigentliche Deployment auszuführen. Beim initialen Veröffentlichen eines Projekts muss ein anderer Befehl verwendet werden als bei den weiteren Deployments, da dieser die Capistrano-eigene Ordnerstruktur aufbaut.

```
$ cap deploy:setup
```

Der dabei erstellte Aufbau ähnelt dem im Abschnitt *rsync* beschriebenen und sieht wie folgt aus:

```
[deploy_to]
[deploy_to]/releases
[deploy_to]/releases/20110819001122
[deploy_to]/releases/...
```

```
[deploy_to]/shared
[deploy_to]/shared/log
[deploy_to]/shared/pids
[deploy_to]/shared/system
[deploy_to]/current -> [deploy_to]/releases/20110819001122
```

Es werden also ebenfalls eigene Ordner für jedes Release angelegt sowie der *current*-Ordner auf das aktuelle Release gesymlinkt. Nachdem Sie diesen »kalten« Deployment-Prozess abgeschlossen haben, können Sie jedes weitere Release ohne den *cold*-Parameter ausführen.

```
$ cap deploy
```

Ein weiteres sehr interessantes Feature von Capistrano ist die Möglichkeit von Rollbacks, also dem Zurücksetzen des Projekts auf den letzten erfolgreichen Release. Diese werden zum Beispiel automatisch ausgeführt, wenn Capistrano während des Deployments auf einen Fehler stößt. Sollte ein Deployment ohne Fehler verlaufen und Sie oder der Kunde bemerken einen Fehler im Code, kann der Rollback auch manuell von Ihrem lokalen Rechner angestoßen werden.

```
$ cap deploy:rollback
```

Um die Einführung in Capistrano abzuschließen, möchte ich Ihnen noch einen letzten Befehl ans Herz legen:

```
$ cap deploy:clean
```

Die Wirkung lässt sich eigentlich schon anhand des Namens erahnen. Es werden alle Releases bis auf die letzten fünf gelöscht. Je nach Projekt kann dies automatisch, zum Beispiel zeitlich geplant, oder manuell ausgelöst werden.

Die Anwendung der obigen Befehle innerhalb des Jenkins-Servers sollte am besten über einen Shellskript-Build-Schritt erfolgen. Somit können Sie Ihre Kommandos, die Sie bereits lokal auf Ihrer Konsole getestet haben, eins zu eins in das entsprechende Konfigurationsfeld kopieren. Von einer Implementierung innerhalb eines Ant-Skripts sollte der Einfachheit halber eher abgesehen werden, nichtsdestotrotz ist dies natürlich über den bekannten Exec-Task realisierbar.

Abschluss

Wie Sie sehen, gibt es eine Vielzahl von möglichen Deployment-Werkzeugen und Strategien. Für welche Sie sich entscheiden, sei Ihnen überlassen. Sie sollten das jeweilige Tool je nach Projekt wählen und nicht starr auf ein und demselben Pfad bleiben. Es kann gut möglich sein, dass Ihr Lieblingswerkzeug beim nächsten Projekt nur bedingt Sinn macht.

In jedem Fall kann Ihnen ein automatisiertes Veröffentlichen Ihrer Software via Jenkins eine Menge Zeit und Nerven sparen. Wenn Sie es nicht schon einsetzen, versuchen Sie es!

Im nächsten Kapitel werde ich ausführlich auf die bereits mehrfach in diesem Buch angesprochenen Multikonfigurationsprojekte eingehen und deren Einsatz unter Verwendung einer Matrix sowie von Kombinationsfiltern erläutern.

KAPITEL 9

Multikonfigurationsprojekte

Multikonfigurationsprojekte stellen eine sehr interessante und mächtige Möglichkeit dar, verschiedene Umgebungen und Variablen in Tests einfließen zu lassen. In vielen Fällen sind solche Arten von Projekten nicht nötig und würden nur Overhead erzeugen, doch in einigen speziellen Fällen sind sie die Retter in der Not.

Stellen Sie sich zum Beispiel vor, Sie entwickeln eine Desktop-Applikation, in sagen wir Java. Sie haben sich für die Sprache Java entschieden, da sie plattformunabhängig ist und somit Programme mit grafischen Oberflächen sehr leicht auf allen gängigen Betriebssystemen bereitgestellt werden können.

Natürlich möchten Sie diese sehr wichtige Eigenschaft auch in auf Ihrem CI-Server testen und abbilden. Mit Multikonfigurationsprojekten ist es möglich, nicht nur Tests für alle relevanten Betriebssysteme auszuführen. Sehr interessant ist dies auch, wenn Sie auch noch verschiedene Datenbank-Backends unterstützen, am besten auf allen Systemen. Somit kommen Sie sehr schnell auf eine passable Anzahl von Konfigurationsmöglichkeiten, die Sie zwar auch mit einzelnen Freestyle-Projekten abdecken könnten, was allerdings die Erweiterbarkeit enorm einschränken würde. Sehen wir uns die genannte Matrix einmal unter Verwendung eines Multikonfigurationsprojekts an.

Einrichtung

Um ein Multikonfigurationsprojekt (MKP) anzulegen, gehen Sie den gleichen Weg, den Sie auch für Freestyle-Projekte gehen würden. Relativ weit unten sehen Sie im Projekt-Wizard die Option *Multikonfigurationsprojekt bauen*. Nach der Eingabe des Namens werden Sie zur nächsten Einrichtungsmaske weitergeleitet. Dieses ähnelt der Ihnen bekannten recht stark. Einzig ein neuer Abschnitt unterscheidet MKP von Ihren Freestyle-Pendants – der Reiter *Konfigurationsmatrix*, wie in Abbildung 9-1 zu sehen.

Abbildung 9-1: Konfigurationsmatrix

Schauen wir uns zunächst die drei Checkboxen an, bevor wir uns dem Hinzufügen von Achsen widmen.

Konfiguration sequentiell ausführen

Mit der Option *Konfigurationen sequentiell ausführen* können Sie den Jenkins-Server anweisen, die jeweiligen Konfigurationen erst zu durchlaufen, wenn die vorherige fertiggestellt ist. Die Checkbox ist im Standardfall nicht angehakt, dennoch möchte ich Ihnen raten, dies zu tun. Erfahrungsgemäß bauen mehrere, wenn nicht alle, Konfigurationen auf mindestens eine gleiche Ressource, meist eine Datenbank, auf. Ist der Haken nicht gesetzt, kann es schnell zu fehlerhaften Builds kommen, obwohl Ihr Code vollkommen korrekt ist, weil Fehler in der Datenbank durch zwei gleichzeitig ausgeführte Builds entstehen. Außerdem wird durch das sequentielle Abarbeiten die Verdrängung anderer Jobs in der Warteschlange vermieden – bei vielen Projekten innerhalb des CI-Servers ein Segen, wenn es darum geht, Serverressourcen einzusparen bei gleichzeitig niedriger Abarbeitungsverzögerung.

Kombinationsfilter

Kombinationsfilter sehen im ersten Moment vielleicht nicht so wichtig aus, wie sie eigentlich sind. Ihnen steht neben der Checkbox, um diese Funktion überhaupt erst zu aktivieren, nur ein einzeiliges Textfeld bereit, mehr nicht. Doch lassen Sie sich nicht täuschen! Kombinationsfilter sind in Umgebungen mit vielen möglichen Konfigurationsparametern fast unumgänglich. Mithilfe von codeähnlichen Anweisungen können Sie bestimmen, unter welchen Bedingungen Builds durchgeführt werden und unter welchen nicht.

Stellen Sie sich folgendes Szenario vor: Ihr Programm soll unter verschiedenen Python-Versionen laufen und außerdem unter Verwendung von mehreren Releases einer bestimmten Bibliothek getestet werden. Ohne Kombinationsfilter würde jede eingegebene Version für jedes Python-Release durchlaufen. Das Problem könnte hierbei beispielsweise das eigentliche Vorhandensein der Bibliothek sein. Version 1.0 wurde auf Python 2.4 entwickelt und steht deshalb zur Verfügung. Die Portierung auf 2.6 wurde allerdings erst mit dem Release 1.1 begonnen. Die Builds für alle Versionen kleiner 1.1 würden somit bei allen Tests außer bei 2.6 fehlschlagen, egal wie gut Ihr Code ist. Daher müssen diese ausgegrenzt werden. In der folgenden Tabelle finden Sie einige mögliche Varianten, um ein solches Verhalten zu realisieren.

Ausdruck	Erklärung
!(python=="2.6" && version=="1.0")	Wenn es sich um Python 2.6 handelt und die Version 1.0 entspricht, ist dieser Ausdruck ungültig und somit wird diese Kombination übersprungen.
python="2.6" && version="1.1"	Unter Python 2.6 mit Version 1.1 kann der Build ausgeführt werden.
(python="2.6"). implies(version="1.1")	Python 2.6-Builds werden ausschließlich unter Version 1.1 ausgeführt.

Beachten Sie bitte, dass die Werte für *python* und *version* innerhalb der Achse definiert sein müssen, wie Sie im Laufe dieses Kapitels noch sehen werden. Nur dann sind die entsprechenden Werte auch verfügbar und können über Kombinationsfilter abgefragt werden.

Je nachdem, wie intuitiv Sie welche Art von Ausdruck empfinden, können Sie zwischen den oben genannten Ansätzen wählen. Im Grunde ist fast jedes Ergebnis über jede Herangehensweise möglich.

Touchdown-Builds zuerst ausführen

In dem Sie den Haken für *Touchdown Builds zuerst ausführen* anwählen, erhalten Sie die Option über die oben beschriebenen Filter, einen Build vor allen anderen auszuführen, etwa einen Plausibilitätstest oder Ähnliches. Über die Selectbox *Mindest-Resultat* kann bestimmt werden, ob für das weitere Ausführen von Builds ein stabiler Touchdown-Build notwendig ist oder auch im Falle eines instabilen weiter gebaut werden soll.

WARNUNG

Da erst nach der Fertigstellung des Touchdown-Builds weitere Konfigurationen gebaut werden, sollten Sie darauf achten, wie dieser Build die Umgebung zurücklässt. Einige nutzen den Touchdown-Build neben Tests für das Konfigurieren von Datenbanken, Dateisystemen oder Sonstigem. Daher muss darauf geachtet werden, eine saubere Umgebung für die weiteren Konfigurationen bereitzustellen.

Nutzerdefinierte Achsen

Kommen wir nun zum Einrichten der eigentlichen Konfigurationen. Wie bereits erwähnt unterscheiden sich Multikonfigurationsprojekte von simplen Freestyle-Projekten, indem sie mehrere Konfigurationen über verschiedene Achsen zulassen. Wählen Sie dazu im Abschnitt *Konfigurationsmatrix* den Button *Achse hinzufügen* aus. Im Lieferumfang von Jenkins ist lediglich eine Option verfügbar, nämlich *User-defined Axis*, was übersetzt nutzerdefinierte Achse bedeutet.

Sie müssen nun einen Namen und einen Wert zuweisen. Ich werde hierfür das Beispiel von oben verwenden und nutze daher als Name »*system*« und als Wert »*linux windows mac*«. Jenkins erwartet also als Wert eine Liste von möglichen Konfigurationen, getrennt durch ein einfaches Leerzeichen.

Um dem Beispiel folgend auch Versionen abfragen zu können, wird nun auch diese Achse hinzugefügt, sodass in meinem Beispiel eine Konfiguration wie in Abbildung 9-2 vorliegt.

Abbildung 9-2: Nutzerdefinierte Achsenkonfiguration

Multikonfigurationsprojekt bauen

Multikonfigurationsprojekte können genau wie alle anderen Projekte manuell, zeitgesteuert oder via einer Versionsverwaltung angestoßen werden. Der einzige Unterschied besteht daran, dass Jenkins für jede Konfiguration einen eigenen Build ausführt und diesen auch als solchen behandelt. Das Ergebnis wird dann allerdings im »Ober-Build« zusammengefasst als Tabelle angezeigt, siehe Abbildung 9-3.

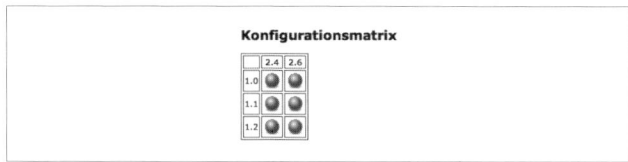

Abbildung 9-3: Ergebnis Multikonfigurationsprojekt

Durch das Klicken auf einen der Bälle gelangen Sie zu einer Detailseite des jeweiligen Unter-Builds, um sich über den Verlauf und gegebenenfalls über Gründe für einen Fehlschlag zu informieren.

Auf Werte innerhalb des Builds zugreifen

Sicherlich haben Sie bemerkt, dass die Eingabe einer Achse nicht sehr viel bewirkt, außer einen weiteren Build hinzuzufügen. Sie müssen die entsprechenden Werte natürlich auch in Ihren Build-Skripten verwenden, damit die verschiedenen Parameter Wirkung zeigen.

Jenkins-typisch ist dies sehr einfach möglich. Ich gehe der Einfachheit halber im folgenden Beispiel davon aus, dass Sie Ihren Build-Prozess über ein simples Shellskript oder eine Ant-Datei steuern. Innerhalb des Shellskripts sind die Werte der aktuellen Konfiguration über Variablen zugänglich. Der folgende Code gibt exemplarisch die in diesem Build verwendete Python-Version aus, sofern wie oben besprochen definiert.

```
echo "Aktuelle Python Version:" $python
```

WARNUNG

Da die Namen der Variablen direkt von den Namen der Achsen abhängen, sollten Sie darauf achten, möglichst keine Sonderzeichen zu verwenden, da diese eventuell zu Fehlern innerhalb des Skripts führen könnten oder Jenkins die Sonderzeichen escaped und die Werte somit nicht mehr über den vermuteten Namen erreichbar sind. Weiterhin muss beachtet werden, dass die Namen der Variablen nicht mit bereits definierten innerhalb des Skripts kollidieren, da sonst möglicherweise einer der beiden Werte verloren geht, was wiederum natürlich zu Fehlern beim Bauen führen kann.

Sie können also auf die Variablen genauso zugreifen, als hätten Sie diese selbst innerhalb des Shellskripts definiert. Das gleiche Spiel innerhalb einer Ant-Build-Datei würde folgendermaßen aussehen:

```
<echo message="Aktuelle Python Version: ${python}" />
```

Abschluss

Multikonfigurationsprojekte sind eine sehr schöne und saubere Art und Weise, um Jobs zu konfigurieren, die dieselbe Umgebung immer und immer wieder verwenden und sich nur in wenigen Punkten unterscheiden. Weiterhin sind sie das perfekte Mittel, um mit nur sehr wenig Einrichtungsaufwand plattformspezifische Tests durchzuführen und somit die Kompatibilität Ihrer Software zu gewährleisten. Bevor Sie also das nächste Mal Dutzende von neuen Freestyle-Jobs anlegen, überlegen Sie vorher, ob es vielleicht nicht besser wäre, alles in einem kompakten Multikonfigurationsprojekt zu kapseln.

Das nächste Kapitel beschäftigt sich mit der Erweiterung der Jenkins-Funktionalitäten über die Installation von Plugins. Es existiert eine riesige Menge von frei zum Download verfügbaren Vertretern – eine kleine Auswahl von sehr interessanten Möglichkeiten wird im Folgenden auch detaillierter besprochen.

## KAPITEL 10

Plugins

So gut wie jedes größere Softwareprojekt verfügt über die Möglichkeit, weitere Features, die es bisher noch nicht in den Kern geschafft haben oder es vielleicht auch nie werden, als Plugins oder Extensions nachzurüsten. Jenkins bietet hierfür ebenfalls ein System an, mit dem Sie schnell und unkompliziert neue Plugins installieren sowie installierte Erweiterungen aktualisieren können.

Plugins installieren

Weboberfläche

Jenkins stellt für die Installation von Erweiterungen ein simples Interface bereit, das Sie über *Jenkins verwalten → Plugins verwalten* erreichen können. Klicken Sie nun auf den zweiten Tab *Installieren*.

Sie sollten eine nach Anwendungsgebieten sortierte Liste von möglichen Erweiterungen sehen, die zum aktuellen Zeitpunkt installiert werden können. Über das einfache Anhaken der Checkbox vor dem jeweiligen Plugin markieren Sie es als »zu installieren«. Nachdem Sie Ihre Auswahl getroffen haben (natürlich ist es auch möglich, mehrere Pakete auf einmal zu installieren), scrollen Sie bis ganz zum Ende der Seite und klicken auf *Installieren*.

Im Regelfall wird der Jenkins-Server nach Beendigung der Installation automatisch neu gestartet, lassen Sie also keine Panik aufkommen, wenn das Web-Interface vorübergehend nicht mehr zu erreichen ist oder nur Hinweistexte ausgibt. Falls allerdings nach mehreren Minuten weiterhin kein Zugriff möglich ist, sollten Sie die Jenkins-Logdateien nach etwaigen Fehlermeldungen durchforsten. Oft hilft auch ein manuelles Herunterfahren und Neustarten des Servers, das am einfachsten über die grafische Oberfläche durchgeführt werden kann.

Kommandozeile

Neben der oben beschriebenen Herangehensweise gibt es noch die Möglichkeit, Plugins über die Kommandozeile zu installieren. Dies hat zum Beispiel den Vorteil, dass mehrere Installationen nacheinander ausgeführt werden können, indem Sie ein kleines Script anfertigen. Außerdem bevorzugen viele Administratoren natürlich die Kommandozeile auch im Gegensatz zu einer grafischen Oberfläche.

Um die Installation auszuführen, müssen Sie eine spezielle *Jar*-Datei herunterladen, die bereits im Lieferumfang Ihres Jenkins-Servers enthalten ist. Eine Variante ist die Nuztung von *Wget*.

```
$ wget http://localhost:8080/jnlpJars/jenkins-cli.jar
```

Genauso können Sie die URL auch einfach in Ihrem Browser aufrufen und die Datei herunterladen. Navigieren Sie nun innerhalb der Kommandozeile zum heruntergeladenen *Jar*. Um beispielsweise das *HTMLPublisher*-Plugin zu installieren, können Sie folgenden Befehl verwenden:

```
$ java -jar jenkins-cli.jar -s http://localhost:8080
install-plugin htmlpublisher
```

Natürlich müssen Sie die in den Beispielen verwendeten URLs entsprechend anpassen, wenn die jeweilige Jenkins-Instanz nicht auf dem lokalen Rechner läuft beziehungsweise wenn Sie nicht per SSH mit dem Jenkins-Server verbunden sind. Zum aktuellen Zeitpunkt ist es leider noch nicht möglich, die Deinstallation ebenfalls über diesen Weg durchzuführen.

Plugins aktuell halten

Im ersten Tab des Plugin-Interfaces erhalten Sie einen Überblick über alle bisher eingerichteten Erweiterungen, die über eine neuere Version als die aktuell laufende verfügen. Das Prinzip bleibt genauso simpel wie bei der Installation: Haken setzen und auf *Installieren* klicken.

Auch hier wird der Server wieder neu gestartet. Achten Sie bitte auch hier auf die oben ausgesprochene Warnung: Nicht jedes Plugin muss auf allen Jenkins-Versionen funktionieren.

Wiederherstellen von Versionen

Im Tab *Installiert* erhalten Sie eine Auflistung bisher installierter Plugins sowie deren Version. Das eigentlich interessante an diesem Fenster ist die Spalte *Vorher installierte Version*. Sollten Sie ein Plugin jemals aktualisiert haben, wird automatisch ein Button angezeigt, der es Ihnen ermöglicht, auf die zuletzt installierte Variante zu springen.

Dies kann natürlich vor allem bei nach Updates auftretenden Fehlern extrem hilfreich sein.

Nachdem Sie ein Plugin auf die letzte Version zurückgespielt haben, wird der Server wie bei einer regulären Installation einen Neustart durchführen, um die Änderungen zu übernehmen.

TIPP

Sollte es zu Fehlern auf Interface-Ebene, also beim Aufruf der Jenkins-Homepage oder einer der Unterseiten kommen, prüfen Sie zuerst, ob eventuell Plugins aktualisiert worden sind. Auch wenn, wie bereits beschrieben, jede Erweiterung einen Hinweis über die unterstützten Jenkins-Versionen enthält, kann keine genaue Aussage über die Lauffähigkeit zusammen mit anderen Plugins getroffen werden. Es kam schon mehrfach zu Fehlern, die nur in Zusammenhang mit zwei oder sogar drei Extensions auftraten. Eine gute Anlaufstelle für Informationen über die Kompatibilität ist meist der IRC-Chat von Jenkins: Raum *#jenkins* auf *chat.freenode.net*

Entfernen von Plugins

Die Deinstallation von Paketen ist leider aktuell nicht so einfach zu realisieren wie die Installation oder das Update.

Eine einfache Möglichkeit besteht darin, den Haken bei *Aktiviert* zu entfernen, um die Extension zu deaktivieren. Dies sollte in den meisten Fällen ausreichen. Benötigen Sie allerdings den Festplattenspeicher oder möchten einfach einmal aufräumen, müssen Sie schon tiefer in die Gefilde von Jenkins abgleiten.

Öffnen Sie zunächst einen Datei-Browser und navigieren Sie in das Jenkins-Wurzelverzeichnis. Dort sollte sich ein Ordner *plugins* befinden. Jedes Paket wird durch einen nach ihm benannten Ordner sowie eine Datei im Format *pluginname.hpi* gekennzeichnet.

Löschen Sie nun einfach beides und starten den Jenkins-Server manuell neu. Dies kann sowohl über die Konsole, wie in Kapitel 2 *Einrichtung* beschrieben, als auch über das Web-Interface erfolgen.

TIPP

Natürlich ist dies keine »saubere« Deinstallation – theoretisch müssten noch weitere Anpassungen innerhalb der Konfigurationsdateien vorgenommen werden, allerdings erfordert dies sehr viel Arbeit, ohne einen wirklichen Mehrwert zu liefern.

Zu Ihrer Beruhigung: Es besteht bereits ein Bug-Report im offiziellen Jenkins-Bugtracker, der sich auf das Problem der fehlenden grafischen Oberfläche für die Deinstallation bezieht. Halten Sie sich dazu unter folgendem Link auf dem Laufenden:

http://issues.hudson-ci.org/browse/HUDSON-3070

Gesperrte Pakete

Als *gesperrt* markierte Erweiterungen werden solche aufgewiesen, die bereits mit Jenkins ausgeliefert werden (wie zum Beispiel die Subversion-Extension). Über einen Klick auf *entsperren* lassen sich allerdings auch diese Vertreter zum Deinstallieren bewegen.

Erweiterte Einstellungen

Der Reiter *Erweiterte Einstellungen* bietet Ihnen die Möglichkeit, verschiedene Parameter eines HTTP-Proxies einzurichten, falls der Jenkins-Server einen solchen vorgeschaltet hat und deshalb keine Plugins installieren kann, da keine Verbindung zum Internet möglich ist. Das Vorgehen in einem solchen Fall habe ich bereits in Kapitel 2 *Einrichtung* beschrieben.

Weiterhin können Sie Plugins manuell installieren, indem Sie ein Plugin-Paket mit der Endung *.hpi* hochladen. Der Server wird im Folgenden genauso verfahren wie bei einer normalen Netzwerkinstallation. Es besteht kein Unterschied im Endergebnis der beiden Methoden.

Zu guter Letzt ist es möglich, die Updateseite des Servers zu konfigurieren. Von dieser Option sollten Sie nur in sehr speziellen Fällen Gebrauch machen, da eine fehlerhafte oder inkorrekte Antwort der Gegenstelle zu Problemen und fälschlichen Warnungen im Backend führen kann. Ein Einsatzgebiet dieses Parameters wäre zum Beispiel die Verwendung eines eigenen Updateservers. Dieser gibt nicht alle Aktualisierungen sofort frei, sondern erst nach einer Prüfung des Administrators auf Kompatibilität. Außerdem wäre es möglich, auf diesem Wege eigene Plugins großflächig zu testen, bevor sie der Öffentlichkeit zugänglich gemacht werden.

Interessante Plugins

Da das Pluginsystem von Jenkins mittlerweile sehr ausgereift und stabil ist, haben findige Entwickler in der Vergangenheit eine große Anzahl von verschiedenen Erweiterungen programmiert. Einige davon möchte ich im Folgenden kurz vorstellen. Natürlich ist dies nur eine subjektive Liste, aber vielleicht kann ich Sie für die eine oder andere Extension begeistern.

Green Balls ·

Wie bereits am Anfang des Buches angesprochen ist nicht jeder Entwickler mit den blauen Statusbällen von Jenkins zufrieden. Der Mensch kennt die Farbe grün als *Go* und die Farbe rot als *Stop*. Um dieses Verhalten auch auf Ihren CI-Server zu übertragen, steht das kleine Plugin *Green Balls* bereit. Es bedarf keiner weiteren Konfiguration. Nach der Installation und dem Neustart der Jenkins-Instanz werden automatisch die grünen Bällen anstatt der blauen verwendet.

Git Plugin

Wie bereits mehrfach im Laufe dieses Buchs angedeutet ist die Versionsverwaltung *Git* das Werkzeug meiner Wahl. Daher ist es für mich wie auch für viele weitere Entwickler unumgänglich, von diesem Plugin Gebrauch zu machen.

Nach der Installation ist das Plugin auf der Seite *Neuen Job anlegen* beziehungsweise *Job konfigurieren* erreichbar. Das Interface gleicht im Großen und Ganzen dem des Subversion-Plugins. Sie erhalten die Möglichkeit, ein Repository einzugeben sowie Branches und weitere Parameter zu bestimmen.

TIPP

Am besten funktioniert Git natürlich, wenn der Jenkins-User (also der Nutzer, unter dem der CI-Server gestartet wurde) direkten Zugriff auf das Repository hat. Daher sollte das Verzeichnis entweder für jeden erreichbar sein, oder besser, der SSH-Key des Nutzers als autorisierter Key hinterlegt sein. Weiterhin sollten Sie immer den kompletten Branch-Namen, z.B. *origin/master*, angeben, wenn Sie sinnvoll mit der *GIT_BRANCH*-Umgebungsvariable arbeiten möchten.

Task Scanner-Plugin

Der *Task Scanner* durchsucht Ihr Projekt nach offenen Punkten im Code, also nach Kommentaren wie *@todo*, *TODO* oder *FIXME*. Die Erweiterung ist ebenso wie das *Plot*-Plugin in eine Post-Build-Aktion gekapselt. Es werden lediglich drei Parameter erwartet. Zum einen müssen Sie die zu durchsuchenden Dateien innerhalb des Projekts angeben. Um alle Python-Dateien im Wurzelverzeichnis und dessen Unterordner rekursiv zu durchsuchen, verwenden Sie diesen Ausdruck:

```
**/*.py
```

Die Syntax richtet sich hierbei nach der der *Ant fileset exclu-des*-Anweisung. Des Weiteren können Sie zu ignorierende

Dateien und Ordner angeben, die explizit nicht durchsucht werden sollen, auch wenn sich dort Python-Dateien befinden würden. Die Syntax entspricht der oben genannten. Der folgende Befehl würde somit alle Dateien und Unterordner in *lib/extern* ignorieren:

```
lib/extern/**
```

Das Plugin erwartet an dieser Stelle eine kommaseparierte Liste von Pfaden.

Die Kennzeichnung der offenen Punkte kann über den dritten Parameter geregelt werden. Hierbei haben Sie selbstverständlich freie Wahl, je nachdem, welche Art von Notation Sie innerhalb des jeweiligen Projekts verwenden. Es handelt sich ebenfalls wieder um eine kommaseparierte Liste von Anweisungen.

TIPP

Sie können übrigens die Priorität der offenen Punkte angeben, indem Sie sie in die jeweilige Spalte eintragen. Das macht auf den ersten Blick noch nicht sehr viel Sinn. Wenn Sie allerdings auf den Button *Erweitert* klicken, erhalten Sie die Möglichkeit, weitere Optionen anzugeben. Darunter sind auch die Grenzwerte für die verschiedenen Prioritäten. Somit können Builds als fehlgeschlagen markiert werden, die eine bestimmte Menge von *FIXME*s oder *TODO*s überschreiten.

Claim-Plugin

Das Claim-Plugin (*http://wiki.jenkins-ci.org/display/JENKINS/ Claim+plugin*) erlaubt es Entwicklern, den »Anspruch« auf einen fehlgeschlagenen Build zu erheben. Sinn und Zweck dieses Vorgehens ist es, doppelte Bearbeitung zu verhindern. Indem ein Nutzer einen betroffenen Build mit einem optionalen Kommentar beansprucht, wissen alle anderen Entwickler, dass sich bereits jemand um das Problem kümmert und können sich weiter ihren bisherigen Aufgaben widmen.

Für die Verwendung des Plugins muss innerhalb der einzelnen Projektkonfigurationen der Haken *Allow broken build claiming* gesetzt sein, um die Funktionalität zu aktivieren. Weiterhin bedarf es eines eingeloggten Nutzers, da das Plugin nicht mit anonymen Konten arbeiten kann.

Ein netter Zusatz ist der Haken *Sticky*, der beim Beanspruchen eines Builds gesetzt werden kann. Dieser bewirkt, dass der Build automatisch dem betroffenen Entwickler zugewiesen wird, bis das Projekt wieder erfolgreich gebaut werden kann.

Jabber-Plugin

Dieses sehr nette und hilfreiche Plugin integriert das Messaging-Protokoll *Jabber* in Ihren Jenkins-Server. Da viele Firmen *Jabber* für die interne Kommunikation einsetzen, bietet sich die Verwendung dieses Pakets geradezu an.

WARNUNG

Dieses Plugin verwendet als Basis die Erweiterung *Instant Messaging Plugin*. Installieren Sie bitte vorher diese Abhängigkeit, um einen reibungslosen Betrieb zu gewährleisten.

Die Funktionalität dieser Erweiterung lässt sich in zwei große Aufgaben aufteilen. Die erste besteht aus der Möglichkeit, Benachrichtigungen über erfolgreiche und fehlgeschlagene Builds nicht nur per E-Mail, sondern auch via Jabber-Nachricht zu erhalten. Die Empfänger können genau wie bei der E-Mail-Konfiguration innerhalb des Jobs festgelegt werden.

Das zweite, sehr interessante, Feature ermöglicht es, den Jenkins-Server direkt via Jabber zu kontaktieren. Zur Erklärung: Das Plugin initialisiert einen Jabber-Bot, der ständig aktiv ist und der auch die Nachrichten im Anschluss an die Build-Vorgänge verschickt. Dieser Bot kann einfach in einen Chat eingeladen und danach angesprochen werden.

Um etwa den aktuellen Status des Servers abzufragen, gehen Sie einfach in denselben Chat-Raum, in dem sich der Bot befindet und schicken die folgende Nachricht ab:

```
!status
```

Der Bot wird sofort mit einer Statusmeldung antworten. Es ist auch möglich, von hier aus neue Builds zu starten oder laufende Builds abzubrechen. Eine komplette Liste von möglichen Kommandos gibt Ihnen der Bot mit dem folgenden Befehl zurück:

```
!help
```

Microsoft Active Directory-Plugin

Wenn Sie bereits Microsofts Active Directory verwenden, um Zugänge zu verwalten, bietet sich diese Erweiterung an (*http://wiki.jenkins-ci.org/display/JENKINS/Active+Directory+plugin*).

Diese erlaubt es Ihnen, mit relativ wenig Konfigurationsaufwand die Authentifizierung Ihres Jenkins-Servers über die bereits vorhandenen Active Directory-Einstellungen durchzuführen. Somit sparen Sie sich natürlich sehr viel Einrichtungszeit und können die Pflege Ihrer Zugänge weiterhin in einem bekannten System administrieren. Außerdem ist das Plugin sowohl unter Unix als auch unter Windows lauffähig, Sie müssen also keine Eingeständnisse bei der Wahl des Betriebssystems für Ihren Jenkins-Server machen.

Nachdem Sie die Installation des Plugins abgeschlossen haben, erhalten Sie innerhalb der Zugriffskontrolle-Einstellungen Ihres Jenkins-Servers (mehr dazu in Kapitel 12 *Administration und Wartung*) eine neue Auswahlmöglichkeit für Active Directory. Sobald Sie die entsprechenden Zugangsparameter für Ihr Active Directory eingestellt haben, können Sie über den *Test*-Button die Verbindung verifizieren. Nach dem Abspeichern der Konfiguration werden alle eingehenden Login-Versuche gegen das Active Directory geprüft. Genau wie bei LDAP können

Gruppenzugehörigkeiten innerhalb einer Matrix-basierten Zugriffssteuerung genutzt werden, um bestimmten Gruppen Rechte zu gewähren und zu entziehen, anstatt dies für einzelne Nutzer zu tun, was wiederum viel Arbeit ersparen kann.

OpenID-Plugin

Neben der genannten Active Directory-Schnittstelle stehen auch noch viele weitere Anbindungen in Plugin-Form zur Verfügung. Eine der interessantesten ist hierbei sicherlich die *OpenID*-Variante, die es Ihnen ermöglicht, Ihre Authentifizierung über die OpenID-Schnittstelle (*http://openid.net*) zu betreiben. Bei OpenID handelt es sich um ein dezentrales System, mit dessen Hilfe man über ein einziges Paar Zugangsdaten Zugriff auf viele unterschiedliche Webseiten erhält, sofern diese das Verfahren einsetzen.

Es bedarf nur eines sehr geringen Einrichtungsaufwandes, da nach der Aktivierung, wie in Kapitel 12 *Administration und Wartung* beschrieben, nur eine *Provider-URL* eingetragen werden muss, die auf einen OpenID-Endpunkt zeigen muss. Für Google wäre dies zum Beispiel *https://www.google.com/accounts/o8/id*, Yahoo nutzt *https://me.yahoo.com*. Ein weiterer Vorteil ist die Tatsache, dass einige der Jenkins-Benutzer möglicherweise bereits über einen OpenID-Account verfügen. Da es sich um eine SSL-gesicherte Verbindung handelt, stellt es kein Problem dar, die Zugangsdaten nach außen über das Internet zu senden.

Template Project-Plugin

Dieses Plugin (*http://wiki.jenkins-ci.org/display/JENKINS/Template+Project+Plugin*) erlaubt es Ihnen, Teile eines anderen Projekts wiederzuverwenden, ohne direkt ein Template zu erstellen – dies ist sowohl während der initialen Erstellung als auch noch danach möglich, unabhängig davon, um welchen Projekttyp es sich handelt.

Innerhalb einer Projektkonfiguration können Sie nach der Installation zum Beispiel über den Haken *Use SCM from another project* nur die Versionsverwaltungseinstellungen eines anderen Projekts kopieren, ohne die anderen Parameter und Optionen zu verwenden. Leider ist die Erweiterung aktuell auf das Verwenden von SCM-Einstellungen sowie Build-Verfahren und Publishern beschränkt. Dennoch ist es ein sehr interessanter Ansatz, da vor allem Build-Verfahren oft sehr ähnlich sein können, das Gesamtprojekt allerdings vollkommen anders aufgebaut ist und somit ein komplettes Template nur wenig Sinn machen würde.

Sonstige

Abgesehen von den oben Genannten gibt es natürlich noch eine ganze Menge weiterer Erweiterungen. Sie können zum Beispiel Ihren CI-Server an Bugtracking-Systeme wie Bugzilla, Redmine oder JIRA anbinden, Testergebnisse auswerten, E-Mail-Notifikationen personalisieren, Copy/Paste-Detektoren-Ergebnisse analysieren, speziellen Framework-Support für Grails und andere hinzufügen sowie vieles mehr.

Werfen Sie einfach einmal einen Blick auf die Wiki-Seite von Jenkins, wo Sie einen guten Überblick über alle frei verfügbaren Plugins erhalten sowie Links zu weiteren Informationen finden:

http://wiki.jenkins-ci.org/display/JENKINS/Plugins#Plugins-Pluginsbytopic

Plugins, die in dieser Liste nicht aufgeführt sind, werden nicht offiziell unterstützt und müssen somit manuell installiert werden. Außerdem ist das Risiko eines Fehlers, vor allem nach Updates, höher als bei den Plugins aus der obigen Liste.

Eigene Plugins schreiben

Leider kann ich im Rahmen dieses Buchs nicht detailliert auf die Entwicklung von eigenen Jenkins-Plugins eingehen, da dieses Thema eigentlich fast schon ein eigenes Buch füllen würde. Nur so viel sei gesagt: Um eigene Erweiterungen zu implementieren, müssen Sie das Build-Werkzeug *Maven* installiert und betriebsbereit vorliegen haben, da alle Pakete über die folgenden Kommandos erstellt werden müssen:

```
mvn -cpu hpi:create
cd pluginverzeichnis
mvn package
mvn install
```

Die obigen Befehle legen ein neues Verzeichnis an und erstellen die Basis-Plugin-Struktur. In der letzten Zeile wird die eigentliche *.hpi*-Datei erzeugt, die dann über das Plugin-Interface des Servers installiert werden kann.

Wie Sie sicher schon vermutet haben, müssen Jenkins-Erweiterungen in derselben Sprache geschrieben werden, in der auch der Server selbst implementiert ist: Java. Da Jenkins eine sehr tiefe Integration in den eigentlichen Prozess bietet, sollten Sie sich nur an der Eigenentwicklung versuchen, wenn Sie der Sprache Java mächtig sind. Grobe Fehler im Code der Extension können schnell zu üblen Ergebnissen während eines Build-Vorgangs führen.

TIPP

Im aktuellen Git-Repository von Jenkins wurde bereits ein Branch gemerged, der es erlaubt, Plugins in der Programmiersprache Ruby zu entwickeln. Wenn Sie dieser Sprache mächtig sind und Interesse an der Implementierung von eigenen Plugins haben, sollten Sie sich dieses Feature einmal näher ansehen.

Abschluss

Neben den in diesem Kapitel genannten Plugins existieren noch viele weitere. Sollte Ihnen eine bestimmte Funktionalität in Jenkins fehlen, suchen Sie zuerst nach einem Plugin, in den meisten Fällen werden Sie fündig werden.

Unter *https://wiki.jenkins-ci.org/display/JENKINS/Plugins* finden Sie eine Liste von Plugins, um mit der Suche zu starten. Außerdem kann es auch hilfreich sein, einschlägige Social Coding-Webseiten wie *Github.com* zu durchsuchen, da in der Entwicklung befindliche Erweiterungen oft auf solchen Plattformen als Open Source entwickelt werden.

## KAPITEL 11

Verteilte Build-Vorgänge

Eine sehr wichtige und interessante Eigenschaft eines Jenkins-Servers ist die Möglichkeit, verteilte Build-Vorgänge durchzuführen. Dies kann zum einen sinnvoll sein, wenn Sie über eine große Anzahl von Projekten und damit Jobs pro Stunde verfügen oder Ihre Applikation auf verschiedenen Betriebssystemen getestet werden muss und daher ein Server nicht ausreicht. Um die Last für Ihren Hauptserver zu minimieren, können Sie also, wie bei Webseiten üblich, auf mehrere Server zugreifen, die die Last untereinander aufteilen und somit für einen reibungslosen und schnellen Ablauf der Build-Prozesse sorgen.

Für die zweite Möglichkeit müssen Sie zum Beispiel nicht jeden Job neu auf einem Windows-Server konfigurieren, nachdem Sie es bereits auf Ihrem Hauptsystem, das unter Linux läuft, getan haben. Auch wenn über Ex- und Import der Jobs schnell die gleiche Konfiguration eingerichtet werden könnte, wäre dies nur sehr bedingt wartbar. Über verteilte Builds kann dieses Ziel sehr viel einfacher und eleganter gelöst werden, zudem bleibt die Wartbarkeit auf einem sehr hohen Niveau.

Über Konfigurationsfilter, wie in Kapitel 9 *Multikonfigurationsprojekte* beschrieben, können Sie außerdem bestimmte Aktionen nur auf den dafür vorgesehenen Systemen ausführen. Ein Selenium-Test des Internet Explorers wäre zum Beispiel auf Linux-Systemen eher wenig sinnvoll und könnte mithilfe der Filter unkompliziert umgangen werden.

Was sind verteilte Builds?

In der obigen Einleitung haben Sie bereits einen kurzen Überblick über die Möglichkeiten von verteilten Builds erhalten. Im Folgenden möchte ich Ihnen kompakt die Funktionsweise dieser erläutern, bevor wir zur eigentlichen Einrichtung kommen.

Verteilte Builds dienen neben der Verwendung von verschiedenen Betriebssystemen zur Lastverteilung. Das Prinzip ist bei beiden Varianten das Gleiche. Zuerst wird über den Master ein neuer Knoten angelegt, wobei es sich um einen anderen Server handelt, der bereits über eine installierte Version von Jenkins verfügt. Danach wird die Verbindung zwischen beiden Servern aufgebaut.

Sobald dies eingerichtet ist, kümmert sich der Master-Server um die Verteilung der Builds. Außerdem kann der Master, sofern konfiguriert, Slaves herunterfahren und starten, je nach Bedarf an Ressourcen. Um eine Lastverteilung zu bewirken, können Sie den Master einfach frei agieren lassen – er wird beim Abbau der Warteschlange selbstständig den Build an den nächsten freien Slave delegieren. Möchten Sie allerdings bestimmte Builds auf speziellen Systemen durchführen, können Sie dies in der Projektkonfiguration hinterlegen. Der Master wird dann die entsprechenden Builds nur an freigegebene Slaves weiterreichen.

Es ist übrigens problemlos möglich, alle Builds auf Slaves durchführen zu lassen und den Master nur als Verteiler zu nutzen – perfekt für den Einsatz von externen Diensten, um Serverkosten zu sparen.

Einrichtung

Über den Link *Knoten verwalten* innerhalb der Jenkins-Verwaltungsoberfläche gelangen Sie zur Übersicht eingerichteter Knoten. Da Ihr aktueller Jenkins-Server standardmäßig als Master (Hauptknoten) dient, ist dieser als einziger aufgeführt.

Neben der Antwortzeit und der Architektur der jeweiligen Knoten erhalten Sie auf diesem Bildschirm noch weitere wichtige Informationen wie den freien Festplattenplatz und die Zeitdifferenz zum Master. Über das Werkzeugsymbol am Ende der Zeile gelangen Sie auf eine erweiterte Konfigurationsoberfläche, wie Sie sie bereits durch die Erstkonfiguration Ihres Servers gewohnt sind.

In der rechten oberen Ecke finden Sie den Link *Auto-Aktualisierung einschalten*. Dieser bewirkt, wie der Name bereits vermuten lässt, einen automatischen Reload der Seite. Dies kann hilfreich sein, wenn Sie gerade an der Einrichtung der Knoten arbeiten und ständig Feedback haben wollen.

TIPP

Diese Art der Autoaktualisierung ist nicht nur für die Knotenansicht verfügbar, sondern auch auf vielen anderen Seiten, wie etwa der Build-Übersicht eines Projekts oder der ganzen Projektübersicht. Somit könnten Sie zum Beispiel die Projektübersicht als Dashboard nutzen und auf einem separaten Bildschirm im Büro anzeigen. Durch die Autoaktualisierung ist das Dashboard immer auf dem aktuellen Stand.

Um einen neuen Knoten hinzuzufügen, klicken Sie einfach auf den entsprechenden Link in der linken Navigationsleiste. Danach müssen Sie noch den Namen sowie die Art des Slaves (»Sklaven«) auswählen. Nach einer Standardinstallation steht Ihnen hierbei nur die Option *Dump Slave* zur Verfügung.

Dabei handelt es sich um einen simplen Slave. Dieser ist perfekt, um als Erweiterung des Masters zu dienen und somit Last zu reduzieren beziehungsweise weitere Projekte zu unterstützen und die Performance zu erhöhen.

Nach dem Klick auf *OK* landen Sie im nächsten Fenster, das von Ihnen die eigentliche Konfiguration des Slaves erwartet. Wichtige Parameter, ohne die die Konfiguration nicht abgeschlossen werden kann, sind die Anzahl der Build-Prozessoren sowie der Pfad des Stammverzeichnisses auf dem entfernten System. Angenommen Sie haben einen Linux-Server mit einer laufenden Jenkins-Instanz und wollen für entsprechende Tests einen Slave mit installiertem Windows anbinden, müssen Sie hier einen Pfad für Jenkins-Daten auf dem Windows-Client eingeben. Eine Möglichkeit wäre etwa *C:\jenkinsdata*. Beachten Sie, dass es sich um einen **absoluten** Pfad handeln muss und unter Windows Ordner mit einem Backslash anstatt wie unter Unix-System mit einem einfachen Slash getrennt werden. Der Pfad muss außerdem existieren und schreibbar sein.

Da die Daten nach der Fertigstellung des Builds auf den Master zurück transferiert werden, können Sie auch ein temporäres Verzeichnis oder Ähnliches verwenden. Zu Datenverlust kann es nur kommen, wenn der Slave während eines Builds heruntergefahren wird. In einem solchen Fall wären allerdings nur die Daten des aktuellen Builds betroffen.

Windows-Slave über JNLP anbinden

Die einfachste Möglichkeit, schnell und fehlerfrei eine Verbindung zwischen einem Linux-Master und einem Windows-Slave herzustellen, ist über JNLP. Dies steht für *Java Network Launching Protocol*, und ermöglicht es, Java-Webanwendungen über einen einzigen Klick zu starten. Im Gegensatz zu Java-Applets handelt es sich hierbei allerdings nicht um kleine Widgets innerhalb des Browsers, sondern tatsächlich um kleine Anwendungen, die vor dem Start heruntergeladen werden müssen.

Öffnen Sie dazu die URL Ihres Jenkins-Servers von Ihrem Windows-Slave-Client aus und navigieren Sie nach *Jenkins verwalten → Knoten verwalten*. Klicken Sie auf den Namen des Slaves. Da noch keine Verbindung besteht, wird Ihnen über den Button *Launch* der Download der JNLP-Datei angeboten. Führen Sie den Download aus und doppelklicken Sie auf die Datei.

Es sollte sich nun der *Jenkins Slave Agent* öffnen. Dieser versucht, sich mit dem Master zu verbinden und wird im Erfolgsfall wie in Abbildung 11-1 aussehen. Gegebenenfalls müssen Sie der Applikation beim Start erweiterte Rechte gewähren, wie Sie es sicher schon von anderen Java-Anwendungen gewohnt sind. Achten Sie im Fehlerfall vor allem auf Firewall-Konfigurationen und Antivirensysteme. Gerade im Windowsumfeld sind diese oft für geschlossene Ports verantwortlich.

Abbildung 11-1: Jenkins Slave Agent

Sobald der Jenkins Slave Agent erfolgreich läuft, erscheint Ihr Windows-Slave in der Jenkins-Oberfläche als einsatzbereit.

Slave als Windows-Service starten

Auch wenn die Einrichtung des Slaves via JNLP sehr einfach und schnell von der Hand geht, ist es doch mühselig, ständig den Slave Agent zu öffnen, wenn der Windows-Client neugestartet wurde. Daher bietet der Agent eine weitere, persistente Möglichkeit der Installation an – die Installation als Windows-Service. Wie der Name schon sagt, wird der Slave Agent als Service installiert und somit immer gestartet, wenn der Client selbst hochgefahren wird, genau wie der Jenkins-Server selbst.

Um dies zu realisieren, öffnen Sie einfach den Jenkins Slave Agent. Da das Menü mehr als aufgeräumt daherkommt, lässt sich recht schnell erahnen, was zu tun ist. Wählen also in der Toolbar *File* und danach *Als Windows-Dienst installieren*. Nach eine Bestätigung führt der Agent die Installation vollkommen selbstständig im Hintergrund aus. Nach dem erfolgreichen Abschluss können Sie noch entscheiden, ob der Dienst sofort gestartet werden soll oder erst beim nächsten Neustart.

Von nun an ist Ihr Windows-Slave immer verfügbar, wenn der Client selbst aktiv ist. Ein Blick in das definierte Stammverzeichnis des Servers zeigt Ihnen schnell, ob die Jenkins-Instanz korrekt arbeitet.

Es bestehen noch weitere Möglichkeiten, um einen Windows-Slave anzubinden, allerdings kann ich im Rahmen dieses Buches nicht auf alle eingehen. Die JNLP-Methode zusammen mit der Installation als Windows-Dienst ist in fast allen Fällen vollkommen ausreichend und läuft vor allem extrem stabil und sicher.

Unix-zu-Unix-Verbindung konfigurieren

Nachdem wir die Anbindung eines Windows-Slaves an einen Unix-Master besprochen haben, möchte ich noch auf die Verbindung zwischen Unix und Unix eingehen. Im Grunde können Sie sich für diesen Zweck an die Windows-Anleitung halten. Der Jenkins Slave Agent kann durch seinen Java-Unterbau auch unter Unix ausgeführt werden, eine installierte Java-Laufzeitumgebung vorausgesetzt.

Eine weitere Möglichkeit, die exklusiv für Unix-Maschinen bereitsteht, ist *Launch slave agents on Unix machines via SSH*. Der Name ist hierbei Programm – der Jenkins-Server verbindet sich über das SSH-Protokoll auf den Slave und startet auf diesem die Jenkins-Instanz, falls nötig. Wichtig ist hierbei, dass die Verbindung korrekt eingerichtet wird. Doch immer der Reihe nach.

Fügen Sie also über die Knotenliste einen neuen Slave hinzu und wählen wieder den *Dump slave*. Nachdem Sie grundlegende Informationen wie Name, Beschreibung und Anzahl der Build-Prozessoren konfiguriert haben, muss noch das Stammverzeichnis gewählt werden. Wie bei der Windows-Installation muss auch hier ein schreibbares Verzeichnis gewählt werden, oft wird hierbei zu Pfaden wie */var/jenkins, /var/jenkinsdata* oder */opt/jenkinsdata* gegriffen. Labels und Auslastung außen vor gelassen, müssen Sie nun die Startmethode wählen. Nach der Auswahl der SSH-Methode erscheint lediglich ein mögliches Konfigurationsfeld, nämlich der Host.

Wenn Ihr Jenkins-Server SSH-Zugriff auf den Unix-Slave hat, ohne sich verbinden zu müssen, reicht es, wenn Sie nur den Host eintragen und auf *übernehmen* klicken. Der CI-Server wird dann versuchen, sich mit dem Namen, unter dem er selbst läuft, im Regelfall *jenkins*, auf dem entfernten Server einzuwählen. Damit dies ohne Einstellung eines Passworts möglich ist, müssen Sie mit SSH-Schlüsseln arbeiten, was ohnehin die sicherste Variante darstellt.

Loggen Sie sich dazu mit dem Unix-Nutzer, unter dem der Jenkins-Server läuft, auf dem Master-Server via SSH ein, beziehungsweise wechseln Sie den Benutzer, falls Sie bereits verbunden sind oder lokal arbeiten.

Falls Sie noch keinen SSH-Key erstellt haben, können Sie dies einfach nachholen, indem Sie in der Kommandozeile den folgenden Befehl ausführen. Voraussetzung ist natürlich ein installiertes SSH-Paket wie OpenSSH.

```
$ ssh-keygen -t rsa
```

Die resultierende Frage nach dem Dateinamen können Sie einfach mit Enter beantworten, in solchen Fällen ist es ratsam sich an den Standard zu halten. Geben Sie danach zweimal ein Passwort ein, mit dem Sie Ihren Key absichern möchten. Da der Jenkins Server später nicht nachfragen kann und soll, empfiehlt es sich ein leeres Passwort zu verwenden.

Damit der Slave-Server auch etwas mit Ihrem SSH-Key anfangen kann, müssen Sie diesen auf dessen Festplatte ablegen. Auch dafür gibt es ein nettes Kommandozeilenwerkzeug, das bei jeder OpenSSH-Installation mit installiert wird. Führen Sie nun also das folgende Kommando aus, um Ihre Schlüsseldatei auf den Slave zu kopieren:

```
$ ssh-copy-id -i ~/.ssh/id_rsa.pub jenkins@server
```

Sollten Sie bei der Erstellung des Keys einen anderen Pfad angegeben haben, müssen Sie das obige Kommando entsprechend abändern. Nachdem Sie das Passwort des Jenkins-Slave-Nutzers eingegeben haben, wird Ihr Key als autorisierter Schlüssel auf dem Knoten abgelegt. Von nun an können Sie sich ohne Eingabe des Passworts auf dem Slave-Knoten einloggen und damit natürlich auch Ihre Jenkins-Master-Instanz.

Damit ist die Einrichtung der Verbindung auch schon abgeschlossen. Der Master wird sich nun mit dem Slave verbinden und diesen je nach Konfiguration und Notwendigkeit starten beziehungsweise herunterfahren.

Doch nicht immer steht Ihnen ein eigener spezieller Jenkins-Nutzer zur Verfügung oder Sie möchten aus anderen Gründen gerne separate Einstellungen bezüglich der Verbindung eingeben. Dafür steht Ihnen die erweiterte Einrichtung bereit. Klicken Sie dazu auf den Button *Erweitert* direkt unter dem

Eingabefeld des Hosts. Dies gibt Ihnen einige weitere Optionen, um die SSH-Verbindung ganz Ihren Wünschen anzupassen. Neben dem bereits bekannten Host-Parameter können Sie außerdem die *Nutzernamen*, das *Passwort* sowie eine spezielle *Key-Datei* und einen vom Standard abweichenden Port einstellen.

Über die Parameter *JavaPath* und *JVM Options* können Sie spezielle Einstellungen an der Java-Laufzeitumgebung festlegen, die uns aber aktuell nicht interessieren, da dies meist nur in besonderen Fällen nötig ist. Zwei exemplarische Beispiele für die Verwendung eines gesonderten Nutzers samt Passwort (Abbildung 11-2) sowie eines anderen Nutzers mit einer Authentifizierung via Key-Datei (Abbildung 11-3) finden Sie in den entsprechenden Screenshots.

Abbildung 11-2: Authentifizierung via Passwort

Abbildung 11-3: Authentifizierung via Key-Datei

Knoten deaktivieren

Auf der Übersichtseite der jeweiligen Knoten kann über den Link *Knoten temporär abschalten* in der rechten oberen Ecke der aktuelle Knoten deaktiviert werden. Dies kann zum einen

nützlich sein, wenn extreme Fehler auftreten, die einer gesonderten Analyse bedürfen, aber auch zu Wartungszwecken,
wenn zum Beispiel auf einem Slave Java-Updates oder Ähnliches installiert werden.Cloud-Power nutzen

In der heutigen Zeit wird vermehrt auf Cloud-Computing
und somit auf die Rechenkraft der Cloud gesetzt. Das bedeutet, Sie erhalten über einen bestimmten Service Zugang zu
Servern und deren Rechenleistung, müssen sich aber nicht um
die Administration kümmern. Außerdem, und das ist noch
viel wichtiger, kann Ihr Bedarf an Leistung dynamisch angepasst werden. Sie zahlen somit nur für die wirklich genutzte
Kapazität und können Leistungsspitzen perfekt abfangen.

Amazon EC2-Serverinstanz starten

Meist ist über eine Cloud-Computing-Lösung eine sehr gute
Skalierung möglich, während die Kosten gegenüber der An-
schaffung von Hardware relativ gering bleiben. Ein sehr be-
kannter und stabiler Anbieter eines solchen Services ist
Amazon mit dem Dienst *Elastic Compute Cloud* (E2), auf welchen ich im Folgenden näher eingehen werde. Die Auswahl
Ihres Anbieters steht Ihnen natürlich frei. Eine Suche im Internet fördert eine Unmenge von möglichen Kandidaten hervor.
Allerdings hat sich der Dienst von Amazon in der Praxis bewährt und wird von vielen Traffic-intensiven Webseiten exklusiv genutzt.

Nähere Informationen zu EC2 sowie den Link zur Anmel-
dung erhalten Sie unter *http://aws.amazon.com/de/ec2*. Zum
Einstieg kann Amazons Dienstleistung ein Jahr lang kostenlos
in Anspruch genommen werden, sofern Sie bestimmte Limits
nicht überschreiten, was allerdings bei der Verwendung als
Jenkins-Slave kaum auftreten wird. Nach dem ersten Jahr fallen entsprechende Gebühren an, die sich nach Ihrem Verbrauch richten. Die Abrechnung enthält nur die tatsächlich
anfallenden Kosten, daher können Sie aus jedem Budget das
bestmögliche Ergebnis herausholen. Da die Preise auch sehr

moderat gehalten sind, vor allem bei Datenübertragungen unter 10 Terabyte, ist für jedes Budget die Rechenleistung der Cloud erschwinglich. Der eingehende Datentransfer ist übrigens gratis, Sie müssen nur für den ausgehenden aufkommen.

Die Anbindung eines solchen Service differiert nur minimal von der Einrichtung eines zweiten Servers innerhalb Ihres Netzwerks. Nachdem Sie sich für die Amazon-Webservices registriert haben und Ihre Registrierung erfolgreich verifiziert haben, finden Sie nach dem Login den Link *Bei AWS Management Console anmelden* in der oberen Menüleiste. Über diesen gelangen Sie zum eigentlichen Verwaltungs-Interface, über das Sie neben EC2-Servern auch viele weitere Services administrieren können. Die über den EC2-Link erreichbare Oberfläche sollte im Grunde Abbildung 11-4 widerspiegeln.

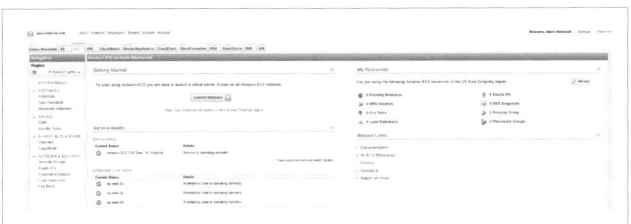

Abbildung 11-4: EC2-Basisoberfläche

Als ersten Einrichtungsschritt sollten Sie die aktuelle Region auf Europa stellen, um Amazon anzuweisen. neue Serverinstanzen im europäischen Rechenzentrum (Irland) zu starten. Dies kann in der linken Navigationsleiste über das Dropdown *Region* eingestellt werden. Danach wird die Seite automatisch neu geladen.

Im rechten Fensterteil erhalten Sie wichtige Informationen zur aktuellen Verfügbarkeit des Rechenzentrums sowie Ihrer Serverinstanzen. Da noch kein Server eingerichtet ist, sind die Informationen allerdings noch etwas rar. Klicken Sie daher auf den Button *Launch Instance*, um zum Servereinrichtungsas-

sistenten zu gelangen. Zunächst müssen Sie sich für einen Servertyp entscheiden. Doch Vorsicht: Nur die mit einem Stern
gekennzeichneten Typen, wie in Abbildung 11-5 zu sehen,
sind auch im kostenlosen Paket enthalten. Ich entscheide
mich in diesem Fall für die 32-Bit-Variante, welche bereits
über ein installiertes Linux-System sowie aktuell 8 GB Speicherplatz verfügt.

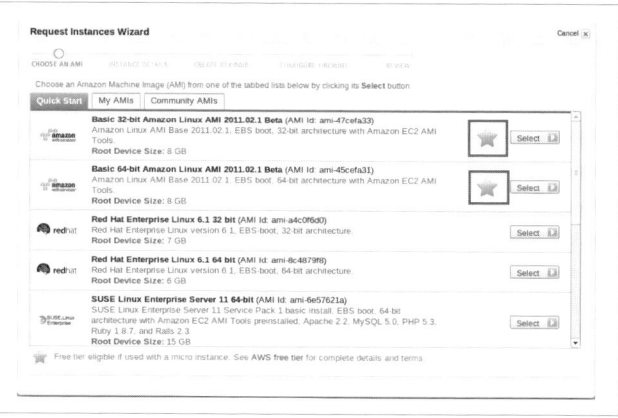

Abbildung 11-5: Wizard Server Typen

Der nächste Schritt erwartet von Ihnen die Konfiguration von
näheren Details wie die Anzahl der Instanzen sowie deren
Größe. Um das kostenlose Angebot zu nutzen, sollten Sie sich
vorerst für eine Instanz des Typs *micro* entscheiden, welche
über einen einzigen Kern verfügt. Außerdem sollten Sie die
vorausgewählte Option *Launch instances* selektiert lassen. Im
Grunde könnten Sie sich auch für eine der anderen Möglichkeiten entscheiden, allerdings muss diese nicht weiter konfiguriert werden und reicht für die vorliegenden Aufgaben
vollkommen aus.

Nach einem Klick auf den *Continue*-Button können Sie weitere Optionen der Instanz regulieren. Falls Sie nicht aus besonderen Gründen eine Abweichung sehen, sollten Sie die

Standardeinstellungen belassen und direkt zum nächsten Schritt gehen. Dieser erlaubt es Ihnen, Tags für Ihre Serverinstanz zu vergeben, um bei einer Vielzahl von Servern den Überblick nicht zu verlieren. Dies ist optional und muss somit nicht ausgefüllt werden.

Im nächsten Schritt muss ein sogenanntes *Key Pair* eingerichtet werden, das exakt wie ein SSH-Key funktioniert. Geben Sie dazu in das vorgesehen Feld einen eindeutigen Namen für Ihren Key ein, zum Beispiel *jenkins1*. Klicken Sie im Anschluss auf *Create & Download your Key Pair*. Die nun zum Download angebotene Datei ist wichtig, um später Zugriff auf den Server zu erlangen.

Danach können Sie spezielle Sicherheitsgruppen anlegen, um den Zugriff nur auf bestimmte IP-Adressen und Ports zu erlauben. Wenn Sie hierbei keine weiteren Einstellungen vornehmen, kann per SSH von jeder IP aus zugegriffen werden. Dabei handelt es sich sicherlich nicht um die sicherste Lösung, allerdings ist sie für den Augenblick vollkommen ausreichend.

Auf der Review-Seite erhalten Sie nochmal einen kurzen Überblick über die bisher eingestellten Parameter. Sollten Sie noch Änderungswünsche haben, können Sie diese über die entsprechenden *Edit*-Links umsetzen. Wenn nicht, ist es an der Zeit, durch einen Klick auf den Button *Launch* den Server zu starten.

Wenn Sie nun in der linken Navigationsleiste unter *INSTANCES* auf den gleichnamigen Unterpunkt klicken, erhalten Sie eine Liste von fertig eingerichteten und lauffähigen Serverinstanzen, ähnlich der Liste in Abbildung 11-6.

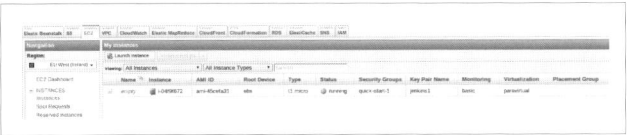

Abbildung 11-6: Liste der Serverinstanzen

Verbindung zwischen Jenkins und EC2-Instanz

Nachdem Sie eine neue Serverinstanz innerhalb des Amazon-Service konfiguriert haben, können Sie die Einrichtung überprüfen, indem Sie sich via SSH auf Ihren Amazon-Server verbinden. Dafür müssen Sie die zuvor heruntergeladene Schlüsseldatei nutzen, die zuallererst einmal mit den richtigen Rechten versehen werden muss, falls Sie auf einem Unix-System arbeiten:

```
chmod 400 jenkins1.pem
```

Danach können Sie sich einfach mit dem Nutzer *ec2-user* verbinden. Den Hostnamen Ihres Servers finden Sie in den Details der Instanz unter dem Punkt *Public DNS*. Der Prototyp des SSH-Befehls lautet wie folgt:

```
ssh -i jenkins1.pem ec2-user@ec2***eu-west-1.compute.
amazonaws.com
```

Als nächsten Schritt bedarf es logischerweise der Installation eines Jenkins-Servers, wie Sie es bereits für Ihren Master oder einen »normalen« Slave getan haben. Beachten Sie hierbei, dass es sich um ein Linux-System handelt, das über die Paketverwaltung *Yum* verfügt. Sollten Sie bisher nur Windows- oder Mac-Installationen durchgeführt haben, wird Ihnen Kapitel 2 *Einrichtung* weiterhelfen.

Sobald diese Konfiguration abgeschlossen ist, ist es ein Leichtes, Ihre EC2-Instanz als Slave zu registrieren. Wie bereits im Laufe des Kapitels erwähnt geschieht dies über den Link *Jenkins verwalten → Knoten verwalten → Neuer Knoten*. Geben Sie einen prägnanten Namen, etwa *EC2-Instanz-1* oder Ähnliches, an und wählen die Option *Dump Slave*.

Anschließend müssen Sie einige Parameter mehr konfigurieren, als Sie es aus den Beschreibungen für »normale« Slaves kennen. Name, Beschreibung, Anzahl der Build-Prozessoren und Stammverzeichnis sind Ihnen ja bereits geläufig. Die Wahl der *Startmethode* fällt aufgrund des Unix-Slaves auf *Launch slave agents on Unix machines via SSH*. Neben dem Host müssen Sie über den *Erweitert*-Button noch die weiteren Optionen freilegen. Entsprechend dem oben genannten SSH-Befehl tragen Sie in das Feld *Username* den Wert *ec2-user* ein sowie in das Feld *Private key file* den **absoluten** Pfad zur Key-Datei. Sollten Sie die SSH-Prüfung nicht direkt auf dem Master gemacht haben sondern auf einem lokalen Rechner, müssen Sie die Key-Datei noch auf den Master kopieren und für den Jenkins-Server lesbar ablegen. Achten Sie außerdem auf die genannten Dateirechte – diese müssen explizit eingehalten werden.

Da EC2-Serverkosten auch nach Dauer der Aktivität berechnet werden, sollten Sie bei der *Verfügbarkeit* die Option *Slave nur bei Bedarf anschalten, ansonsten abschalten* wählen. Für *Anschalt*- und *Abschaltverzögerung* bieten sich Wertepaare wie 5/30 oder 5/60 an. Eine komplette Konfiguration können Sie Abbildung 11-7 entnehmen.

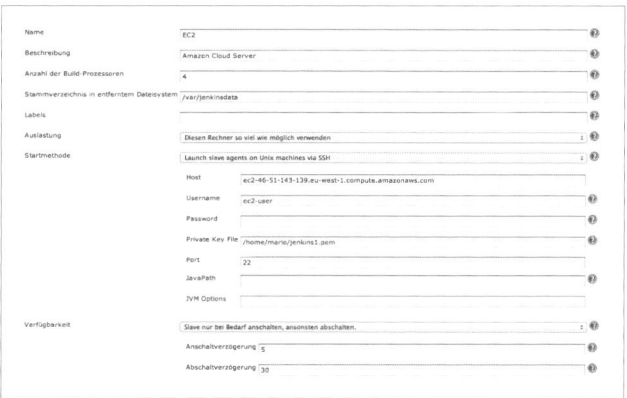

Abbildung 11-7: EC2-Slave-Konfiguration

Nachdem Sie die Einstellungen übernommen haben, können Sie über den Button *Slave-Agenten starten* Ihren neu konfigurierten EC2-Slave aktivieren.

Dynamisch Serverinstanzen erstellen lassen

Wie eingangs des Kapitels erwähnt, können EC2-Instanzen dynamisch erzeugt werden. Auch wenn die obige Lösung schon sehr schön ist und Ihnen eine billige bis kostenlose Möglichkeit bietet, verteilte Build-Vorgänge durchzuführen, steckt die eigentliche Kraft von Cloud-Computing im dynamischen Erzeugen von Instanzen. Vor allem in puncto Skalierbarkeit ist dieses Verfahren unschlagbar.

Um von den genannten Vorteilen zu profitieren, bedarf es allerdings der Installation eines bestimmten Plugins, das Ihnen später viel Arbeit abnehmen wird. Es handelt sich um die Erweiterung *Amazon EC2 Plugin* (*http://wiki.jenkins-ci.org/display/JENKINS/Amazon+EC2+Plugin*). Zum aktuellen Zeitpunkt unterstützt das Plugin leider nur 32-Bit-Server sowie Unix-Systeme. Daher sollten Sie Ihre Instanzen entsprechend wählen.

WARNUNG

Das Plugin erstellt automatisch Serverinstanzen des Typs *small*, die nicht in der kostenlosen Nutzung inbegriffen sind. Zum Druckzeitpunkt war es nicht möglich, ein kleineres Paket auszuwählen. Da somit geringe Kosten (aktuell rund 9,5 Cent pro Stunde) auf Sie zukommen können, sollten Sie das dynamische Erstellen von Instanzen mit Bedacht verwenden.

Nach der Installation und einem Neustart des Servers finden Sie unter *Jenkins verwalten → System konfigurieren* einen neuen Abschnitt namens *Cloud*. Erstellen Sie eine neue Cloud über den Button *Neue Cloud hinzufügen*. Wie Sie sehen, unterstützt das Plugin auch den Eucalyptus Cloud Service (Ubuntu Enterprise Cloud), wir konzentrieren uns allerdings weiterhin auf Amazon EC2.

Neben der Region, für Deutschland *EU West*, müssen Sie Ihre *Access Key ID* sowie zwei weitere Keys eintragen. Die ersten beiden Keys finden Sie innerhalb Ihres Amazon-Webservices-Kontos in der Sektion *Sicherheitsnachweise* unter dem Punkt *Zugriffsberechtigungsnachweise*. Sollten Sie Probleme beim Auffinden der Keys haben, können Sie alternativ auch das Fragezeichen neben dem Feld *Access Key ID* anklicken und den dort enthaltenen Link öffnen, welcher Sie direkt zum entsprechenden Menü führt. Der *EC2 RSA Private Key* entspricht dem im letzten Abschnitt heruntergeladenen Key. Öffnen Sie diesen einfach in einem Texteditor Ihrer Wahl und kopieren den Inhalt in das entsprechende Textfeld.

Ein weiterer wichtiger Punkt, den Sie erst über einen Klick auf *Erweitert* sichtbar machen können, ist *Instance Cap*. Die hier eingetragene Nummer stellt das Limit an möglichen EC2-Instanzen dar. Sie sollten auf jeden Fall davon Gebrauch machen, um unschöne Überraschungen in Ihren Rechnungen zu vermeiden beziehungsweise nicht aus Versehen das Limit der kostenlosen Nutzung zu sprengen. Beachten sollten Sie allerdings, dass es sich um die absolute Zahl von Instanzen handelt, unabhängig davon, ob alle als Jenkins-Slaves genutzt werden oder nicht. Sollten Sie also bereits andere EC2-Server verwenden, muss diese Information bei die Konfiguration des Limits bedacht werden.

Als letzte Option müssen Sie ein bestimmtes AMI (Amazon Mirror Image, also virtuelles Abbild) angeben, das als Slave gestartet werden soll. Amazon bietet hierfür bereits vorgefertigte Images an, viele weitere sind durch die Community verfügbar. Um das dynamische Erstellen von Instanzen einzurichten, bedarf es allerdings eines eigenen AMI, da dieses natürlich über die entsprechenden Werkzeuge sowie den eigentlichen Jenkins-Server verfügen muss. Wenn Sie bereits wie im vorherigen Abschnitt beschrieben eine EC2-Instanz erstellt haben und diese als Slave eingerichtet ist, besitzen Sie schon ein Template und müssen das entsprechende Image nur noch daraus erzeugen.

Allerdings muss auf der Instanz durch eine Beschränkung des Plugins ein Root-Login möglich sein, der standardmäßig von

Amazon unterdrückt wird. Um diesen zu aktiveren, müssen Sie die autorisierten Schlüssel für den Root-Nutzer kopieren. Führen Sie dazu auf dem Server folgenden Befehl aus:

```
$ sudo cp -rv /home/ec2-user/.ssh /root/
```

Außerdem muss der Login für SSH überhaupt erst freigeschaltet werden. Öffnen Sie dazu die Datei */etc/ssh/sshd_config* und ändern die entsprechende Zeile:

```
PermitRootLogin forced-commands-only
# in
PermitRootLogin yes
```

WARNUNG

Achten Sie auf die richtige Schreibweise des Pfads. Im selben Ordner befindet sich auch eine Datei namens *ssh_config*, die den entsprechenden Parameter nicht beinhaltet, wobei auch ein Hinzufügen nichts bewirken würde.

Danach muss der SSH-Daemon über einen Neustart noch über die neue Konfiguration informiert werden:

```
$ sudo service sshd restart
```

Um nun ein Image aus der fertig eingerichteten EC2-Instanz zu generieren, öffnen Sie die Amazon Management Console und wählen über einen Rechtsklick auf Ihre Instanz den Punkt *Create Image (EBS AMI)*. Nach kurzer Wartezeit erscheint das neue Image unter *IMAGES → AMIs*. Kopieren Sie schlussendlich die *AMI-ID* in das dafür vorgesehene Feld innerhalb der Plugin-Konfiguration.

Nun müssen Sie nur noch das Feld *Remote FS root* befüllen, was dem Stammverzeichnis bei der Slave-Konfiguration entspricht. *Remote user* sollten Sie frei lassen, somit wird automatisch root verwendet, welcher ja bereits Zugriff hat.

Alle weiteren AMI-bezogenen Parameter können Sie fürs Erste unausgefüllt belassen. Die Extension wird nun, wenn nötig, automatisch eine neue Instanz innerhalb Ihres EC2-Kontos erstellen, welche genau dem von Ihnen erstellen Abbild entspricht, ähnlich einem Job-Template in Jenkins.

Vor dem Abschluss der Einrichtung sollten Sie über den Button *Test Connection* eine Testverbindung aufbauen, um Ihre Eingaben zu überprüfen. Im Erfolgsfall (Meldung »Success«) können Sie die Konfiguration an dieser Stelle mit einem Klick auf *Übernehmen* abschließen. Im Fehlerfall sollten Sie Ihre eingegeben Zugangsdaten auf Korrektheit überprüfen. Vor allem Leerzeichen werden schnell mitkopiert und landen anschließend fälschlicherweise im Textfeld.

Wenn Sie nun allerdings die aktuelle Konfiguration testen würden, käme es zu mehreren Fehlern bei der Initialisierung der SSH-Verbindung. Dies liegt daran, dass das Plugin EC2-Instanzen erstellt, die die *default*-Sicherheitsgruppe verwenden. Diese erlaubt allerdings keinen SSH-Zugriff. Navigieren Sie daher innerhalb Ihrer Management Console nach *NETWORK & SECURITY → Security Groups* und wählen die *default*-Gruppe. Fügen Sie eine neue Regel für SSH hinzu, in der Sie entweder alle IP-Adressen *(0.0.0.0/0)* oder nur die Ihres Jenkins-Master-Servers erlauben. Nun sollte Ihr Master SSH-Zugriff auf die neu erstellten Instanzen erlangen können.

Um die Einrichtung zu testen oder wenn Sie aus einem anderen Grund manuell neue Cloud-Slaves erstellen wollen, können Sie dies über die Jenkins-Verwaltungsseite tun. Unter *Knoten verwalten* gibt es nun unterhalb der Knotenliste einen neuen Button *Provision via EC2*. Wählen Sie nur noch das gewünschte AMI-Abbild und schon startet das Plugin durch. Den Fortschritt der Erstellung können Sie übrigens leicht über Ihre Amazon Management Console beobachten.

Wie bereits erwähnt erstellt das Plugin nun vollautomatisch neue EC2-Instanzen, wenn dies benötigt wird. Außerdem werden nicht mehr gebrauchte Instanzen gelöscht. Sie haben somit keinerlei Administrationsaufwand. Eine komplette Übersicht der Konfiguration erhalten Sie in Abbildung 11-8.

Abbildung 11-8: EC2-Pluginkonfiguration

Knoten Projekte zuweisen

Nachdem Sie einige Zeit in die Einrichtung und Konfiguration von Knoten investiert haben, sollten Sie auch Projekte Ihren jeweiligen Knoten zuweisen. Wenn Sie dies nicht tun, wird der Server keine Builds verteilen und starten.

Im Vorfeld möchte ich Sie noch auf eine sehr nette Option des Jenkins-Servers hinweisen – Labels. Wie Sie vielleicht schon bei der Einrichtung Ihres ersten Slaves bemerkt haben, können Sie Labels definieren. Der Server erwartet hierbei eine durch Leerzeichen getrennte Liste von Angaben. Somit können Sie mehrere Slaves in eine logische Gruppe zusammenfassen. In unserem Fall wäre zum Beispiel das Label *windows* interessant. Dieses Label weisen Sie allen Windows-Slaves zu. Genauso könnten Sie bestimmte Versionen von Programmiersprachen oder Compilern markieren, um die Builds auf die richtigen Instanzen zu lenken.

Die eigentliche Verbindung zwischen Label und Projekt findet in der Projektkonfiguration statt. Setzen Sie dazu den Haken *Beschränke wo dieses Projekt ausgeführt werden darf* in den allgemeinen Konfigurationsoptionen. Zusätzlich müssen Sie noch das Label eingeben, unter welchem das jeweilige Projekt ausgeführt werden soll.

Glücklicherweise bietet der Jenkins-Server an dieser Stelle die Möglichkeit, nicht nur das Label einzugeben, das genutzt werden soll, sondern auch das Gegenteil sowie weitere Ausdrücke. In der folgenden Tabelle finden Sie einige Beispiele.

Ausdruck	Bedeutung
windows	Ausschließlich Knoten mit dem Label windows
!windows	Alle Knoten außer windows
windows&&solaris	Knoten, die sowohl über die Labels windows und solaris verfügen
windows||solaris	Knoten, der entweder als windows oder solaris oder beides gelabelt sind
windows → x64	Der »impliziert«-Operator. Wenn es sich um windows handelt, dann muss es auch x64 sein. Wenn linux, dann in jedem Fall.
windows <-> x64	Wenn windows, dann auch x64. Wenn nicht windows, dann auf keinen Fall x64.
windows <- x64	Wenn windows, dann kein x64. Wenn linux, dann in jedem Fall.

Auf diese Art und Weise können Sie sehr detailliert bestimmen, welche Builds auf welchen Knoten ausgeführt werden sollen. Achten Sie darauf, die Anweisungen möglichst logisch zu wählen und nicht alles zu negieren, um die Lesbarkeit und Wartbarkeit zu verbessern. Eventuell muss später ein anderer Mitarbeiter Anpassungen vornehmen.

WARNUNG

Sollten Sie Labels verwenden, die Leerzeichen im Namen tragen, müssen Sie mit Anführungsstrichen arbeiten, damit die Syntax weiterhin valide bleibt. Andernfalls kann es zu Problemen und Missinterpretationen des Server kommen. Ein Beispiel wäre etwa »Java 7«.

Knoten verwalten und analysieren

Auf der Übersichtseite eines jeden Knotens haben Sie Zugriff auf bestimmte Statistiken und Metriken, die Sie bereits von Ihrem Master-Jenkins gewohnt sind.

Über den Link *Auslastung* erhalten Sie detaillierte Information über die Beschäftigung der einzelnen Build-Prozessoren.

Im *Log* finden Sie nützliche Informationen über die Arbeit des Slaves und können somit den reibungslosen Ablauf sicherstellen sowie im Fehlerfall genaue Analyse betreiben.

Weitere interessante Daten finden Sie auf dem Knoten-Dashboard mit der Liste aller Slaves. Hierbei ist vor allem die Antwortzeit sowie die Architektur und Zeitdifferenz entscheidend. Sollte die Zeitdifferenz beziehungsweise die Antwortzeit zu groß werden, sollten Sie den Datenverkehr analysieren. Eventuell haben die Server untereinander eine schlechte Verbindung oder können nur wenige Pakete austauschen, da die Leitung bereits von anderen Prozessen aufgebraucht wird.

Weiterführende Einstellungen

Neben den bereits beschriebenen Einstellungen stehen noch einige weitere Möglichkeiten zur Verfügung, um die Arbeit des Knoten zu kontrollieren. Klicken Sie dazu auf das Werkzeugsymbol des entsprechenden Knotens in der Knotenliste. Wenn Sie der Reihe nach nach unten gehen, fällt Ihnen sicherlich die Option *Auslastung* ins Auge, die wir bisher noch nicht näher erläutert haben.

Sie haben hierbei die Auswahl zwischen zwei möglichen Verwendungen des Knotens. Indem Sie sich für *Diesen Rechner so viel wie möglich verwenden* entscheiden, weisen Sie den Server an, diesen Knoten immer zu verwenden, wenn freie Build-Prozessoren zur Verfügung stehen. Dies ist die Standardeinstellung und meist auch durchaus sinnvoll. Sie erhöhen damit den Build-Durchsatz und erreichen somit eine gute Auslastung der zur Verfügung stehenden Ressourcen.

Die zweite Auswahlmöglichkeit beschränkt den Knoten ausschließlich auf ihm zugewiesene Projekte. Das heißt es werden nur Builds durchgeführt, die über Labels explizit zugewiesen wurden. Natürlich wird somit der Durchsatz enorm reduziert, vor allem wenn es sich um Labels handelt, die nur spärlich eingesetzt werden. Sie sollten diese Option nur wählen, wenn Sie aus bestimmten Gründen einen Knoten tatsächlich nur für eine bestimmte Art von Build (zum Beispiel spezielle Betriebssysteme oder Leistungstests) benötigen.

TIPP

Durch den wahrscheinlich niedrigen Ressourcenverbrauch des Slaves macht es Sinn, nur eine virtuelle Maschine mit minimalen Ressourcen aufzusetzen, die ausschließlich diese Builds ausführt. Komplette Server wären hierbei wahrscheinlich verschwendete Hardware, es sei denn, das angegebene Label wird sehr oft verwendet oder bedarf enormer Ressourcen.

Die nächste neue Konfigurationsmöglichkeit lautet *Verfügbarkeit*. Mithilfe dieser steuern Sie, wann der Sklave-Knoten startet und stoppt. Das Standardverhalten ist, den Knoten ständig online zu halten und falls nicht verfügbar, neu zu starten. Es wird somit nie eine geplante Downtime geben.

Wenn Sie sich für die Option *Nur bei Bedarf anschalten, sonst ausschalten* entscheiden, bleibt die Slave-Instanz immer ausgeschaltet, es sei denn, der Master initiiert einen Boot-Vorgang. Dies geschieht, wenn Jobs vorliegen, die entweder ausschließlich auf diesem Knoten ausgeführt werden können, basierend auf Ihren Angaben bei Labels und deren Zuordnung bei Projekten, oder Jobs bereits länger als die angegebene Startzeit geplant sind. Wenn keine aktiven Jobs mehr ausgeführt werden und der Slave eine gewisse Mindestruhezeit inaktiv war, wird der Knoten automatisch heruntergefahren. Die Verzögerung für den Start sowie für das Abschalten müssen separat konfiguriert werden. Diese Option verbraucht bedeutend weniger Ressourcen, führt allerdings auch zu längeren Durchlaufzeiten.

Über die dritte Möglichkeit, *Slave zeitgesteuert anschalten*, können Sie mittels eines Crontab-ähnlichen Ausdrucks einen zeitgesteuerten Boot-Vorgang einrichten. Die erwartete Syntax ist Ihnen bereits aus der Konfiguration von Versionsverwaltungen und deren Abfrage bekannt. Als weiterer Parameter müssen Sie die Zeit in Minuten einstellen, die der Knoten nach der Aktivierung aktiv bleibt. Dies hat entsprechende Auswirkungen auf die Dauer der Aktivierung. Nur wenn innerhalb dieser Zeitspanne Jobs in der Warteschlange sind oder neue eintreffen, werden diese ausgeführt.

In der Rubrik *Eigenschaften des Knotens* erhalten Sie zwei weitere Konfigurationsmöglichkeiten, nämlich *Umgebungsvariablen* und *Verzeichnisse von Hilfeprogrammen anpassen*. Schauen wir uns zunächst die Umgebungsvariablen näher an. Nachdem Sie den Haken gesetzt haben, können Sie neue Schlüssel/Wert-Paare hinzufügen, die dann innerhalb der Jenkins-Umgebung, zum Beispiel in Ant-Skripten, verfügbar sind. Nützlich ist diese Option vor allem, um bestimmte Eigenheiten des jeweiligen Systems an die Skript- und Konfigurationsdateien weiterzuleiten. Einsatzgebiete wären etwa die Kennung des eigentlichen Betriebssystems, Versionsnummern von Programmiersprachen oder Pfaden zu bestimmten Ordnern für Logs und Ähnlichem.

Der zweite Punkt erlaubt Ihnen, die Pfade von Hilfsprogrammen, meist Kommandozeilenwerkzeugen, anzugeben, da diese oft von System zu System unterschiedlich sind, vor allem zwischen Unix und Windows. Allerdings ist die Option meist nicht weiter relevant, da es einfacher ist, die jeweiligen Tools im Pfad des Jenkins-Nutzers verfügbar zu machen und somit einfach über den Namen des Binary zu starten. Sollten Sie aus bestimmten Gründen dennoch davon Gebrauch machen wollen, können Sie aus der Selectbox das gewünschte Hilfsprogramm auswählen und den neuen Pfad auf dem Server eintragen.

Abschluss

Wie Sie im Laufe dieses Kapitels gesehen haben, kann es in vielen Situationen sehr nützlich sein, auf verteilte Builds zurückzugreifen. Neben der Möglichkeit, weitere Ressourcen und somit mehr Kapazität anzubinden, können Sie außerdem Tests auf verschiedensten Systemen und Umgebungen durchführen, um ständig über die Lauffähigkeit Ihrer Programme auf allen relevanten Umfeldern informiert zu sein.

Gerade Cloud-basierte Server bieten eine sehr einfache und preiswerte Alternative an, um enorme Ressourcen zu verwenden. Vor allem Start-ups sollten sich diesen Weg genauer ansehen – es lässt sich eine Menge Geld und Nerven sparen, wenn von vornherein auf die richtigen Werkzeuge gesetzt wird.

## KAPITEL 12

Administration und Wartung

Die grundlegenden Administrationsaufgaben können meist sehr gering gehalten werden – läuft die Jenkins-Instanz erst einmal wie gewünscht, sind oft nur minimale Änderungen hier und da nötig – in den meisten Fällen hervorgerufen durch Laständerungen und Hardwarewechsel.

Die meisten Aufgaben können direkt über das Web-Interface durchgeführt werden, das über den Link *Jenkins verwalten* auf dem Startbildschirm des Servers erreichbar ist. Auf den folgenden Seiten werde ich näher auf die einzelnen Optionen eingehen sowie über die Einschränkungen der Oberfläche aufklären.

Aktualisierungen installieren

Aktualisierungen sind sehr wichtig, da Jenkins wie bereits beschrieben noch eine recht junge Technologie ist und eine sehr intensive Weiterentwicklung durch die Community stattfindet. Es werden ständig jede Menge Fehler behoben und neue Features implementiert. Dennoch sollten Sie nur bei Bedarf updaten, da es wie bei jeder Aktualisierung zu Problemen kommen kann und der Jenkins-Server immer neu gestartet werden muss, was sich negativ auf den laufenden Betrieb auswirkt.

Das System wird Sie im Regelfall selbstständig über neue Versionen informieren, sobald Sie auf die Verwaltungsseite des Servers kommen. Neben der Meldung über die aktuelle Version und deren Nummer wird weiterhin der Link zum Changelog angezeigt. Diesen sollten Sie sich vor jeder Aktualisierung genau ansehen, da es eventuell zu Problemen mit bestimmten Plugins oder Ähnlichem kommen kann.

Wenn Sie den CI-Server über eine *.war*-Datei, wie zum Beispiel bei Mac OS üblich, betreiben, müssen Sie lediglich die neue Version herunterladen und damit die alte ersetzen. Sinnvoll ist hierbei natürlich das vorherige Herunterfahren des Servers, um Datenverlust und korrupte Dateien zu vermeiden.

Nach einem Neustart mittels des neuen Binary sollten Sie auch schon die neue Version sehen. Prüfen können Sie den Erfolg der Installation, indem Sie die in der rechten unteren Ecke angegebene Version mit der heruntergeladenen vergleichen.

In neueren Versionen des Jenkins-Servers können Sie über den Button *Automatisch aktualisieren* neben der Meldung des Updates eine geführte Aktualisierung anstoßen. Der Neustart des Servers kann über das Setzen des Hakens *Restart Jenkins when installation is complete and no jobs are running* forciert werden.

Nutzer von Linux-Systemen können neben der oben beschriebenen Methode wie gewohnt auf ihre jeweilige Paketverwaltung zurückgreifen und das Update entsprechend ausführen. Hierbei wird der Server meist automatisch neu gestartet, Sie müssen sich also um nichts kümmern. Die Prüfung kann wie oben beschrieben erfolgen.

Alte Versionen wiederherstellen

Genauso wie es bei Plugins möglich ist, auf vorher installierte Versionen zurückzuspringen, funktioniert es auch beim Jenkins-Server selbst. Diese Funktion kann verwendet werden, wenn aus bestimmten Gründen Probleme mit der aktuell installierten Version auftreten. Hierfür muss der Server allerdings insoweit funktionsfähig sein, als dass Sie die Weboberfläche aufrufen können.

Nachdem Sie das erste Mal eine Aktualisierung durchgeführt haben, erscheint im oberen Teil der Jenkins-Verwaltungsseite ein entsprechender Hinweis samt Button, wie in Abbildung 12-1 zu sehen ist.

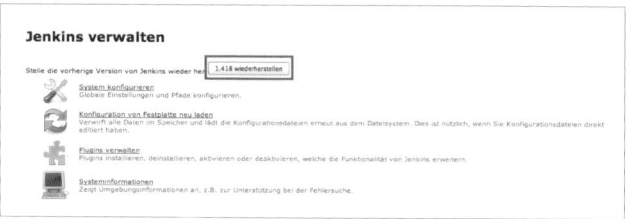

Abbildung 12-1: Alte Version wiederherstellen

WARNUNG

Das Downgrade wird sofort ausgeführt, nachdem Sie auf den Button geklickt haben. Allerdings werden die Veränderungen erst nach einem Neustart des Servers aktiv.

Um keinen manuellen Neustart durchführen zu müssen, können Sie einen Haken bei *Restart Jenkins when installation is complete and no jobs are running* setzen. Nach dem Neustart können Sie in der rechten unteren Ecke den aktuellen Versionsstand prüfen.

Anzeigefilter

Anzeigefilter bieten einen sehr schönen Weg, um den Überblick bei vielen eingerichteten Projekten nicht zu verlieren. So lassen sich Projekte zum Beispiel nach Programmiersprache, Framework oder Kunde sortieren und gruppieren. Die Anwendung solcher Filter ist relativ einfach, allerdings ist das Konfigurations-Interface etwas versteckt gelegen, weshalb viele Nutzer sich dieser Funktion gar nicht bewusst sind.

Um einen neuen Filter zu erstellen, öffnen Sie einfach die Startseite Ihres Jenkins-Servers. Direkt über der Liste von eingerichteten Projekten finden Sie einen kleinen Tab Namens *Alle*. Rechts daneben befindet sich ein weiterer Tab mit einem Pluszeichen. Dieser unscheinbare Link führt Sie zum Einrichtungs-Wizard für Anzeigefilter. Nachdem Sie einen eindeutigen, prägnanten Namen vergeben und die aktuell einzige Option *Listenansicht* ausgewählt haben, gelangen Sie zur eigentlichen Einrichtungsseite.

Die meisten dieser Konfigurationsparameter sind selbsterklärend und bedürfen kaum einer weiteren Beschreibung. Im Bereich *Job Filter* können Sie nur einzelne Jobs selektieren oder über einen Regulären Ausdruck die anzuzeigenden Jobs anhand ihres Namens regulieren. In der *Spalten*-Sektion dargestellte Spalten werden später auch in der Listenansicht angezeigt. Sie können hierbei frei Spalten hinzufügen und entfernen, um die resultierende Liste Ihren Ansprüchen in Bezug auf Informationsgehalt anzupassen.

Nach dem Abschluss der Einrichtung ist Ihr neuer Filter über einen eigenen Tab erreichbar, wodurch die Funktionalität der Anzeigefilter auch etwas besser in Erscheinung tritt. Wenn der aktuelle Filter von Ihnen konfiguriert wurde beziehungsweise wenn Sie über das Recht verfügen, diesen zu editieren, werden in der linken Navigationsleiste zwei neue Links anzeigt, um den Filter zu bearbeiten beziehungsweise zu löschen.

TIPP

Die eingerichteten Filter sind übrigens für alle Nutzer verfügbar und werden nicht direkt an dem aktuell eingeloggten Anwender gespeichert. Dies ist allerdings möglich, indem Sie in der linken Navigationsleiste auf *Meine Ansichten* klicken und dort einen neuen Filter erstellen. Dieser ist dann nur für den jeweiligen Nutzer sichtbar. Dieser Link ist natürlich nur verfügbar, wenn Sie eingeloggt sind.

Systeminformationen

Wem die reine Versionsnummer nicht reicht, dem bietet jeder Jenkins-Server eine eigene Rubrik, in der sich jegliche Versionen aller genutzten Bibliotheken und Werkzeuge einsehen lassen. Öffnen Sie dazu den Konfigurationsbildschirm über den Link *Jenkins verwalten*. Ein Klick auf *About Jenkins* öffnet schließlich eine Übersichtsseite mit wertvollen Informationen. Natürlich sind diese Informationen nur in sehr bestimmten Situationen wichtig beziehungsweise wissenswert, aber wer sich dafür interessiert, kann sich hier gerne austoben.

Die meisten angegebenen Bibliotheken sind verlinkt, sodass Sie sich auch näher über die einzelnen Bestandteile des Servers informieren können. Vor allem bei Fehlern, die offensichtlich mit einem der Werkzeuge zu tun haben, kann es nützlich sein, die genaue Versionsnummer zu wissen. Viele Bugtracker – und Forennutzer – freuen sich über konkrete Versionsnummern, um den Fehler besser eingrenzen und Ihnen im Problemfall besser helfen zu können.

Jenkins-Backup

Der Continuous Integration-Server selbst beinhaltet keine Möglichkeit, ein Backup durchzuführen. Weder die Konfigurationsdateien noch die Codeordner können in irgendeiner Weise gesichert werden. Allerdings kann dies sehr leicht manuell eingerichtet werden, da alle Konfigurationen an einem Platz, dem Jenkins-Wurzelverzeichnis, zu finden sind.

Am besten eignet sich hierfür eine automatisierte Erstellung von Backups. Sie können dafür neben fertigen Programmen, die meist kostenlos oder relativ preiswert sind, die guten alten Cronjobs nutzen. Erstellen Sie dazu ein Shellskript, das den Jenkins-Hauptordner komprimiert und in ein Backup-Verzeichnis verschiebt. Nützliche Tools hierfür sind *Tar*, *GZip*, *rsync* und *SFTP*. Natürlich sollte das Backup möglichst nicht auf der gleichen Festplatte abgelegt werden, um im Falle eines Hardwaredefektes nicht im Dunkeln zu stehen.

Die ausgecheckten Versionen Ihrer Applikationen können Sie natürlich ebenso mit den oben genannten Werkzeugen absichern. Allerdings muss hierbei auf den Speicherverbrauch achtgegeben werden. Dutzende von Großprojekten summieren sich schnell zu enormen Datenmengen, vor allem, wenn des Öfteren externe Frameworks fest eingebunden sind.

Da der Code innerhalb der Versionsverwaltung weiterhin verfügbar ist und meist nur Zugangsdaten oder gar keine Änderungen durchgeführt wurden, ist das Sichern dieser Ordner nur in sehr speziellen Fällen dringend notwendig. Verfügen Sie allerdings über genug Festplattenplatz, sollten Sie ruhig zu Backups greifen, je nach Projekt kann entschieden werden, ob und in welchem Umfang dies geschehen muss. Im Normalfall reicht die Sicherung der *config.xml* sowie des Plugins-Verzeichnisses vollkommen aus.

TIPP

Sollten Sie bereits über Server verfügen, die genug Platz bieten und die ohnehin gesichert werden, sei es durch Sie oder Ihren Hoster, bietet sich das Mounten dieser Server an. Hängen Sie einen entsprechenden Ordner oder eine ganze Partition einfach auf dem Jenkins-Server ein und symlinken die Datenordner des CI-Servers auf die Einhängepunkte. Alternativ können Sie natürlich auch innerhalb der Jenkins-Konfigurationsdatei die Zielordner des Server entsprechend anpassen.

Backup-Plugin

Neben der manuellen Einrichtung einer Backup-Strategie kann Ihnen auch das Backup-Plugin (*http://wiki.jenkins-ci.org/display/JENKINS/Backup+Plugin*) hilfreich zur Seite stehen. Die Verwendung ist überaus einfach und bedarf kaum Konfigurationsarbeit. Neben dem Zielordner der Sicherheitskopie müssen lediglich das Format und die Syntax des Dateinamens eingestellt werden. Über verschiedene Checkboxen kann der Inhalt der Backups geändert werden. Abbildung 12-2 zeigt eine Beispielkonfiguration, wie sie in den meisten Fällen ausreichen sollte.

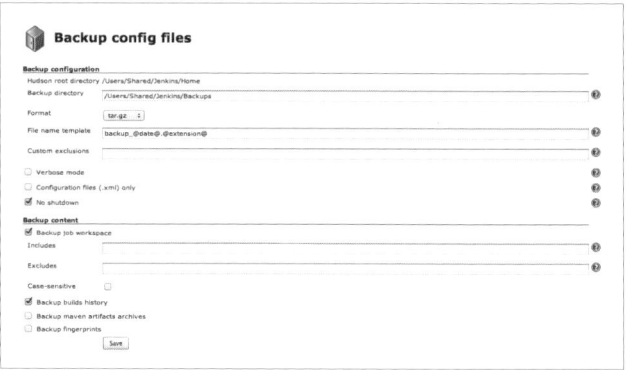

Abbildung 12-2: Backup-Plugin

Die Sicherheitskopien können sowohl das Jenkins-Wurzelverzeichnis als auch die Builds selbst umschließen. Da dies zu teilweise enormen Datenmengen führen kann, können Sie je nach vorhandenem Festplattenplatz etwas mit den Inhalten der Backups jonglieren. Außerdem ist es möglich, bestimmte Ziele explizit auszulassen.

Beachten Sie, dass die Erstellung der Backups nicht automatisch angestoßen wird. Sie müssen entweder manuell über den Link den Startbefehl geben oder den Link automatisiert öffnen. Nützliche Tools wären hierbei etwa *wget* und *curl*. Da diese auch in den meisten Programmiersprachen nativ zur Verfügung stehen, bietet sich unter Umständen das folgende Verhalten an. Über das bereits beschriebene Plugin *Notification* erhalten Sie JSON-Requests an eine vorher definierte URL. Dieses Request können Sie nutzen, um zu entscheiden, ob ein Backup angestoßen werden soll.,etwa nach jedem fünften Build oder nach jedem Fehlschlag oder jedem Erfolg, ganz wie Sie es wünschen. Voraussetzung hierfür ist natürlich das

Speichern des JSON-Requests. Eine kleine Sqlite-Datenbank bietet sich zum Beispiel an.

Eine weitere Möglichkeit besteht darin, einen simplen Cronjob zu erstellen, der über ein Shellskript oder Ähnliches die URL zu festgelegten Zeiten ausführt.

Neben dem Erstellen von Sicherheitskopien beinhaltet das Plugin auch die Wiederherstellung derselbigen. Sie müssen nur den Pfad zum jeweiligen Backup-Archiv eingeben, das Plugin kümmert sich dann um den Rest. Erfahrungsgemäß läuft die Erweiterung sehr stabil und stellt Backups erfolgreich und sicher wieder her. Da die Entwicklung bereits vor fast zwei Jahren begonnen wurde und das Plugin seit langer Zeit stabil ist, können Sie sich getrost darauf verlassen.

Jenkins absichern

In Kapitel 2 habe ich bereits einen Einblick in die Arbeit mit einer Sicherheitsmatrix gegeben sowie die weiteren möglichen Systeme zur Absicherung Ihres Servers angesprochen. Im Folgenden möchte ich Ihnen diese Möglichkeiten kurz näherbringen. Alle folgenden Beschreibungen beziehen sich auf die Konfiguration der Zugriffskontrolle unter *Jenkins verwalten → System konfigurieren*. Um alle Optionen darzustellen, müssen Sie einen Haken bei *Jenkins absichern* im oberen Drittel der Seite setzen.

An Servlet-Container delegieren

Die Verwendung eines Servlet-Containers wie GlassFish oder Tomcat macht es Ihnen möglich, bereits konfigurierte Container zu nutzen und somit viel Aufwand zu sparen. Je nach Container können die Daten in verschiedenen Formaten wie XML und JAAS sowie einer relationalen Datenbank vorliegen.

Prinzipiell sollte dieses Vorgehen nur eingesetzt werden, wenn Sie bereits über die entsprechenden Daten verfügen und diese unbedingt weiterhin verwenden möchten oder wenn Sie eine

Jenkins-Version kleiner gleich 1.163 verwenden beziehungsweise verwendet haben und die eingerichtete Konfiguration beibehalten möchten. Bis zu dieser Version war die Delegation an einen Servlet-Container die standardmäßige Methode zur Authentifizierung eines Nutzers.

Das interne Benutzerverzeichnis

Hierbei handelt es sich um die einfachste Möglichkeit, eine Authentifizierung einzurichten. Indem Sie den Haken für die Registrierung setzen, ermöglichen Sie zudem noch, dass sich Benutzer einfach selbst registrieren können. Vor allem für Open Source-Projekte kann dieses Vorgehen sinnvoll sein. Sollten Sie keine Registrierungen zulassen, müssen Sie alle Benutzer manuell über den Link *Benutzer verwalten* im Jenkins-Adminstrationspanel anlegen und pflegen. Daher lohnt sich diese Art der Absicherung nur, wenn die Zahl der Benutzer überschaubar ist und bleibt, oder in Verbindung mit der angesprochenen Registrierung.

TIPP

Jenkins erstellt bei dieser Methode automatisch für jeden Nutzer in der Versionsverwaltung, der jemals committed hat, einen eigenen Benutzer. In der Benutzerliste, welche Sie über *Jenkins verwalten* → *Benutzer* einsehen können, werden Sie die entsprechenden Namen aus dem SCM finden, sofern mindestens ein Commit seit der Einrichtung des Repository in Jenkins stattgefunden hat. Allerdings sind diese Benutzer dem Server nur bekannt. Im Regelfall kann mit diesen Accounts daher ohne weitere Konfiguration kein Login durchgeführt werden.

LDAP-Anbindung

Die Verwendung von LDAP (Lightweight Directory Access Protocol) ist die wohl am meisten genutzte Variante der Absicherung, da LDAP-Logins in vielen Firmen systemübergreifend verwendet werden, um mit nur einem einzigen Paar Zugangsdaten Zugriff auf verschiedenste Systeme zu erlangen. Jenkins unterstützt dieses Protokoll bereits von Haus aus. Sofern Sie bereits über ein eingerichtetes LDAP verfügen, ist es ein Leichtes, das Protokoll in Ihren CI-Server zu integrieren.

Grundlegend müssen nur zwei Parameter eingegeben werden, um die LDAP-Anbindung funktionsfähig zu machen. Neben dem eigentlichen *Server* bedarf es eines *Filters zur Benutzerabfrage*. Die meisten Systeme verwenden hierfür die folgende Abfrage:

```
uid={0}
```

Allerdings kann sich der Name des Parameters je nach Installation unterscheiden – konsultieren Sie also im Zweifelsfall den für die LDAP-Einrichtung zuständigen Administrator. Der Platzhalter *{0}* wird von Jenkins mit dem im Login-Formular eingegebenen Benutzernamen ersetzt. Die anderen Felder müssen nicht zwangsläufig ausgefüllt werden, sind allerdings LDAP-typisch und dürften im Bedarfsfall keine Probleme bereiten. Einzig die Verwendung von Gruppen bedarf einer Anmerkung. Angenommen Sie greifen über *cn= developer* auf eine spezielle Gruppe zu, muss diese Gruppe mit *ROLE_DEVELOPER* innerhalb der Sicherheitsmatrix, welche im Laufe des Kapitels noch näher besprochen wird, angesprochen werden. Andernfalls werden die Gruppenrechte nicht korrekt erkannt.

TIPP

Wenn Sie einen anderen Port als den LDAP-Standard verwenden, können Sie diesen direkt im Serverparameter übergeben, indem Sie ihn getrennt durch einen Doppelpunkt anhängen, zum Beispiel so: *http://ldap.domain.tld: 1422*.

Unix-Benutzer und -Gruppen

Wenn Sie nicht über eine fertige LDAP-Konfiguration verfügen und dennoch nicht alle Nutzer manuell anlegen möchten, hilft Ihnen vielleicht dieses Verfahren weiter, sofern alle vorgesehenen Nutzer über einen Unix-Zugang verfügen. Natürlich muss die entsprechende Jenkins-Instanz ebenfalls auf einem Unix-System installiert worden sein.

Eine richtige Konfiguration ist nicht nötig. Nachdem Sie diese Methode selektiert und gespeichert haben, können sich alle eingerichteten Unix-Benutzer mit ihren Zugangsdaten einloggen. Vorteil ist neben der nicht nötigen Einrichtung die Verwendung von Gruppen. Diese werden ebenfalls aus den Unix-Benutzerverzeichnissen ausgelesen. Somit können Sie bestimmten Gruppen Zugriff auf festgelegte Teile Ihres Jenkins-Servers gewähren. Dazu mehr im Abschnitt *Rechtevergabe*. Als Nachteil dieser Vorgehensweise kann sich der Administrationsaufwand herausstellen, wenn Sie viele weitere neue Benutzer erwarten. Sie müssten dann für jeden Anwender neue Unix-Benutzer einrichten, nur um ihm Zugang zum CI-Server zu gewähren. Sollte dies allerdings ohnehin geschehen, bietet sich diese Technik durchaus an.

Ich habe diese Strategie schon auf mehreren Jenkins-Instanzen eingesetzt. Oft haben alle Entwickler auf einem zentralen Entwicklungsserver gearbeitet, auf dem ohnehin für jeden Programmierer ein eigener Account hinterlegt war. Somit konnten zwei Fliegen mit einer Klappe geschlagen werden.

WARNUNG

Sollten Sie verteilte Build-Vorgänge einsetzen, müssen Sie sich darüber im Klaren sein, dass die Authentifizierung immer vom Master-Knoten aus durchgeführt wird. Die Nutzerkonten müssen dementsprechend auch immer auf dem Master gepflegt werden.

Weitere Methoden

Neben den bereits besprochenen Möglichkeiten, die alle samt im Lieferumfang von Jenkins enthalten sind, stehen Ihnen noch einige weitere zur Verfügung. Diese müssen allerdings als Plugin nachinstalliert werden, weshalb ich auf deren Verwendung im Rahmen dieses Buches nicht näher eingehen werde. In Kapitel 10 *Plugins* hatte ich bereits einige Vertreter wie Microsofts Active Directory und OpenID aufgeführt.

Wem dies immer noch nicht reicht, dem sei das Plugin *Script Security Realm* (*http://wiki.jenkins-ci.org/display/JENKINS/Script+Security+Realm*) ans Herz gelegt, das es erlaubt, ein eigenes Skript zu definieren. Diesem werden die vom Benutzer eingegeben Zugangsdaten übergeben. Je nach Rückgabewert Ihres Skripts wird dann der Zugang gewährt oder nicht.

Sowohl Konfiguration als auch das Schreiben des eigenen Skripts bedürfen etwas mehr Zeit, als es bei den anderen Varianten der Fall ist, allerdings können Sie somit vollkommen frei eine Authentifizierung aufbauen, die zum Beispiel mit einem hauseigenes Content Management System oder Ähnlichem agiert – die Möglichkeiten sind sehr vielfältig. Mehr zu den Parametern und deren Verwendung finden Sie in der Dokumentation des Plugins.

Rechtevergabe

Jenkins erlaubt eine sehr feine und detaillierte Einrichtung von Rechten, aufgeteilt nach Benutzer, Gruppe, Gebiet und Aktion. Direkt unter der Konfiguration der Benutzer finden Sie die Rubrik *Rechtevergabe*. In der Standardinstallation stehen Ihnen hierfür fünf verschiedene Typen zur Auswahl bereit, wobei die einfachste und eindeutig unsicherste *Jeder darf alle Aktionen ausführen* ist. Somit erlauben Sie jedem Benutzer, auch anonymen, jede mögliche Aktion auszuführen – inklusive dem Herunterfahren des Servers.

Die Option *Angemeldete Benutzer dürfen alle Aktionen ausführen* entspricht der obigen Variante, allerdings bedarf es eines Logins. In Systemen, in denen alle Anwender gleichwertig sind, zum Beispiel zehn Entwickler ohne Administrator, ist dies eine durchaus denkbare Möglichkeit. Zu beachten gilt es, dass anonyme Benutzer weiterhin lesenden Zugriff besitzen.

Legacy-Autorisierung basiert auf der Verwendung von Servlet-Containern in Jenkins-Versionen kleiner als 1.164, wobei die Rolle *admin* vollen Zugriff erhält und allen anderen Benutzern lediglich lesender Zugriff gestattet wird. Dieser Weg wird in aktuellen Versionen nur noch sehr selten angewandt, wie der Name auch schon vermuten lässt. Sollten Sie weiterhin die Servlet-Container-Authentifizierung verwenden, kann dies eine mögliche Alternative darstellen.

Matrix-Zugriffssteuerung

Das mit Abstand detaillierteste und aufwendigste Rechtesystem verwendet zur Zugriffssteuerung eine Matrix. Sie können dabei zwischen der »normalen« *Matrix-basierten Sicherheit* und der *Projektbasierten Matrix-Zugriffssteuerung* wählen. Letztere baut auf der ersten auf und fügt die Aufteilung nach einzelnen Projekten hinzu.

Zunächst sollten Sie wie in Kapitel 2 *Einrichtung* beschrieben immer einen Administratorbenutzer anlegen, der einen Haken in der Spalte *Administer* gesetzt hat, um nach der Aktivierung der Authentifizierung weiterhin Zugriff auf den Server zu haben und weitere Konfigurationen vornehmen zu können. Alle weiteren Anwender können nun, auch auf Gruppenebene (nur bei LDAP), zeilenweise hinzugefügt werden. Sollten Sie einen Namen eintragen, der dem Jenkins-Server nicht bekannt ist, wird dieser mit einem roten Kreuz markiert.

Weitere Informationen zu den Bedeutungen der einzelnen Spalten erhalten Sie, indem Sie mit der Maus über den Spaltenkopf hovern. Eine typische Beispielkonfiguration mit einem Administrator, fünf gleichwertigen Entwicklern, einem Chefentwickler und einem anonymen Nutzer sehen Sie in Abbildung 12-3.

Benutzer/Gruppe	Allgemein			Slave						Job						Ansichten		
	Administer	Read	RunScripts	Configure	Delete	Create	Disconnect	Connect	Create	Create	Delete	Configure	Read	Build	Workspace	Create	Delete	Configure
Anonymous	☐	☐	☐	☐	☐	☐	☐	☐	☐	☐	☐	☐	☐	☐	☐	☐	☐	☐
admin	☑	☐	☐	☐	☐	☐	☐	☐	☐	☐	☐	☐	☐	☐	☐	☐	☐	☐
chefentwickler	☐	☑	☐	☐	☐	☐	☐	☐	☑	☑	☑	☑	☑	☑	☑	☑	☑	☑
entwickler1	☐	☑	☐	☐	☐	☐	☐	☐	☐	☐	☐	☑	☑	☑	☑	☑	☐	☐
entwickler2	☐	☑	☐	☐	☐	☐	☐	☐	☐	☐	☐	☑	☑	☑	☑	☑	☐	☐
entwickler3	☐	☑	☐	☐	☐	☐	☐	☐	☐	☐	☐	☑	☑	☑	☑	☑	☐	☐
entwickler4	☐	☑	☐	☐	☐	☐	☐	☐	☐	☐	☐	☑	☑	☑	☑	☑	☐	☐
entwickler5	☐	☑	☐	☐	☐	☐	☐	☐	☐	☐	☐	☑	☑	☑	☑	☑	☐	☐

Abbildung 12-3: Matrix-basierte Zugriffssteuerung

Wenn Sie nun die projektbasierte Konfiguration mit der normalen Matrix-Zugriffssteuerung vergleichen, werden Sie keinen Unterschied erkennen. Dies liegt daran, dass die Einrichtung auf der Sytemkonfigurationsseite für beide identisch ist. Abbildung 12-3 gilt dementsprechend auch für dieses Rechtesystem. Zu diesem Zeitpunkt gelten die hier eingetragenen Werte als Standard für alle Projekte. Die eigentliche Abweichung zur normalen Matrix-Zugriffssteuerung findet sich auf der Konfigurationsseite der jeweiligen Projekte.

Dort erhalten Sie im oberen Drittel den neuen Punkt *Projektbasierte Sicherheit aktivieren*. Über diesen können Sie eine um ein paar Spalten verkürzte Tabelle editieren, die genau wie die bereits bekannten Tabellen funktioniert. Solange der Haken gesetzt ist, gelten für dieses eine Projekt gesonderte Rechte, für alle anderen gelten weiterhin die Standardwerte.

Durch die Matrix-Steuerung und die Erweiterung auf Projekt-ebene können Sie bis ins kleinste Detail Rechte vergeben. Dies kann vor allem in sehr großen Firmen interessant sein, wenn viele Entwickler, Designer, Projektleiter und sonstige Mitarbeiter Zugriff erhalten sollen und sich deren Rechte extrem feingranular unterscheiden.

Kein Zugriff auf den eigenen Server

Während der Einrichtung der Authentifizierung und vor allem der Autorisierung passiert es schnell, dass Sie sich selbst ausschließen und keinen Zugang mehr zu Ihrem eigenen Jenkins-Server erhalten. In einem solchen Fall ist natürlich keine Neuinstallation nötig. Öffnen Sie die *config.xml*-Datei innerhalb des Jenkins-Wurzelverzeichnisses und suchen dort die folgende Stelle:

```
<useSecurity>true</useSecurity>
```

Ändern Sie nun einfach den Wert *true* in false. Je nach Verwaltungsart kann es sein, dass direkt darunter ein Tag mit dem Namen *authorizationStrategy* zu finden ist. Löschen Sie diesen, falls Sie eine Beschränkung der Rechte eingerichtet haben, komplett samt Unterknoten und starten Sie Ihren CI-Server neu. Sie sollten nun ohne Login-Formular Zugriff erhalten und Ihre Rechteeinstellungen überarbeiten können.

Logdateien

Jeder Programmierer kennt Sie – Logdateien, ein wichtiger und unumgänglicher Punkt während und nach der Entwicklung von Anwendungen. Auch Ihr Jenkins-Server speichert viele seiner Tätigkeiten in einer Logdatei ab. Doch damit nicht genug. Sie können weitere sogenannte Log-Rekorder einrichten, die bestimmte Informationen in separate Dateien schreiben. Somit können wichtige Informationen getrennt von weniger wichtigen gespeichert und analysiert werden.

Logs auslesen und analysieren

Wie Sie sicher bereits vermutet haben, hilft auch bei den Log-dateien das allgemeine Konfigurationsfenster weiter. Sie finden in diesem den Link zu *Systemlog*. Sie erhalten nun eine recht spärliche Ansicht von bereits eingerichteten Log-Rekordern – im Regelfall ein einziger mit dem Namen *Alle Jenkins-Logs*.

Ein weiterer Klick auf den Namen des Rekorders führt Sie zu einer langen Liste von Informationen, die Ihr Jenkins-Server automatisch geloggt hat. Sie haben nun detaillierten Zugriff auf die durchgeführten Prozesse samt Zeitstempel. Auch wenn sich die Logs teilweise etwas schwierig lesen lassen, sollten Sie doch mit ein wenig Englischkenntnis das meiste interpretieren können.

Neben Informationen wie dem Abfragen von Updates sind vor allem Java-Exceptions interessant, da Sie diese im Fehler-fall verwenden können, um in Foren und Chats nach Hilfe zu fragen.

TIPP

Machen Sie nicht den Fehler und kopieren den kompletten Stacktrace eines Fehlers in den Chat oder den Forum-Thread. Sie werden recht schnell merken, dass sich kein Entwickler, auch nicht in der Open Source Community, Ihren gesamten Exception-Ablauf durchlesen wird. Versuchen Sie in solchen Fällen kurze, aussagekräftige Beschreibungen Ihres Handelns abzugeben sowie die eigentliche Exception-Nachricht (meist die ersten ein bis zwei Zeilen) hinzuzufügen. Möchten Sie dennoch die komplette Exception zur Verfügung stellen, empfehle ich Ihnen einen Paste-Service wie *http://gist.github.com*. Ihre Helfer werden es Ihnen danken und versuchen, mit Ihnen zusammen das Problem zu beheben.

Log-Rekorder hinzufügen

Wer sich des Öfteren in den Systemlogs des Servers wiederfindet, der wird schnell den Überblick verlieren und sich wünschen, die Informationen wären besser gekapselt. Genau für diesen Zweck stellt Jenkins die Option bereit, eigene Log-Rekorder hinzuzufügen, die über Parameter gesteuert werden können. Durch einen Klick auf *Neuen Log-Rekorder hinzufügen* in der Logübersicht gelangen Sie zu einem neuen Interface, das nur einen einzigen Parameter erwartet – den Namen des Rekorders.

Nachdem Sie diesen eingegeben und auf *OK* geklickt haben, erscheint der eigentliche Konfigurationsdialog. Zunächst müssen Sie über den *Hinzufügen.*Button einen neuen Logger einrichten. Neben dem Namen des Loggers erwartet das Interface die Priorität, die geloggt werden soll.

Dies kann im ersten Moment etwas undurchsichtig erscheinen, aber lassen Sie sich davon nicht abschrecken. Im Folgenden werde ich etwas genauer auf die Einrichtung der Logger eingehen, um Ihnen einen kleinen Überblick zu verschaffen.

Der Name des Loggers kann nicht frei gewählt werden. Er muss mit einem Logger-Typ übereinstimmen, sonst wird dieser Rekorder niemals Inhalte haben. Im bereits bekannten allgemeinen Log erhalten Sie eine gute Übersicht möglicher Logger-Typen. Einige Beispiele wären etwa:

```
hudson.model.UpdateSite
hudson.model.Run
hudson.model.Hudson
```

Auf die Bedeutung der einzelnen Typen gehe ich hierbei nicht näher ein, es gibt einfach zu viele. Grundlegend sollten Sie sich an das Gesamtlog halten und die Typen herauskristallisieren, die Ihnen offensichtlich Ärger bereiten oder deren Informationen für Sie aus einem anderen Grund von Bedeutung sind.

Als Priorität muss die kleinste Priorität eingestellt werden, die geloggt werden soll. Somit werden alle Logs über den aktuellen Rekorder zugänglich, wenn die Priorität der Logs der angegebenen Priorität entspricht oder höher (»dringender«) ist.

TIPP

Wenn Sie genauere Kenntnisse von Java sowie des Servers haben, wird die folgende Information für Sie interessant sein. Der Logger funktioniert nicht nur ausschließlich für den eingegebenen Logger-Typ, sondern auch für dessen Erben. Somit können Sie auf einer relativ hohen Ebene eingreifen und stellen sicher, dass alle von dieser Ebene ableitenden Nachfahren ebenfalls geloggt werden. *Hudson.model.Hudson* wäre zum Beispiel ein guter Kandidat.

Im Folgenden erhalten Sie eine kleine Liste von möglichen Varianten für den Einsatz von eigenen Rekordern:

- Nur Update-Checks
- Alle Warnungen, als eine Art Error-Log
- Alle Build-Starts
- Alle Shutdowns des Servers
- Gesondertes Analysieren von Logs eigener Plugins

Nutzungsstatistiken

Diese Statistiken sind der beste Anlaufpunkt, wenn Sie vermuten, dass Ihre Jenkins-Instanz überlastet ist. Über *Jenkins verwalten → Nutzungsstatistiken* gelangen Sie zu einer kleinen Oberfläche, die mittels eines Charts die Gesamtanzahl der Prozessoren, die Anzahl beschäftigter Prozessoren und die Länge der Warteschlange darstellt. Durch das Umschalten des Zeitraums zwischen kurz, mittel und lang in der linken oberen Ecke können Sie außerdem den Abschnitt eingrenzen, der zur Messung der Metrik verwendet wird.

Indem Sie die Anzahl der beschäftigten Prozessoren und die Länge der Warteschlange auswerten, erhalten Sie einen guten Überblick, zu welchem Zeitpunkt der Server besonders stark beansprucht wird. Sollte es vermehrt zu langen Warteschlangen kommen, könnte das Hinzufügen von weiteren Build-Prozessoren in der Konfiguration Abhilfe schaffen. Allerdings muss dazu die zugrunde liegende Hardware in der Lage sein und über genügend freie Kapazität verfügen.

Wenn dies keine Option für Sie darstellt oder die Hardware bereits an ihren Grenzen angelangt ist, sollten Sie sich näher mit verteilten Builds befassen, wie ich sie bereits in Kapitel 11 *Verteilte Build-Vorgänge* beschrieben habe.

Leider sind die Charts der Nutzungsstatistik nur für die oben angemerkte Analyse nutzbar. Weitere wichtige Werte, vor allem die der Hardware, können aktuell nicht eingesehen werden. Doch Sie müssen sich nicht jedes Mal per SSH verbinden, um via *Top* oder ähnlichen Werkzeugen Hardware-Monitoring zu betreiben. Auch hierfür steht ein Jenkins-Plugin bereit (*http://wiki.jenkins-ci.org/display/JENKINS/Monitoring*), das unter Verwendung von *JavaMelody* HTML-Statistiken erstellt, die Sie dann einfach über das Web-Interface begutachten können. Die Installation findet wie gewohnt über das Web-Interface statt.

Danach können Sie über den Link *Monitoring of Jenkins* eine ganze Palette von Charts zu den unterschiedlichsten Informationen abfragen. Das Layout der Charts ist zugegebenermaßen nicht viel mehr als zweckdienlich, aber aufgrund der Menge von aufbereiteten Informationen ist diese Erweiterung dennoch sehr zu empfehlen. Abbildung 12-4 zeigt ein beispielhaftes Ergebnis des Monitoring-Plugins.

Das Kommandozeilen-Interface

Ihr Jenkins-Server verfügt über die Funktionalität, über ein Kommandozeilenwerkzeug gesteuert zu werden. Dies kann sinnvoll sein, wenn Sie bestimmte Abläufe außerhalb des Servers automatisieren möchten. Außerdem kann es nützlich sein, um Fehleranalyse zu betreiben oder eine ganze Reihe von Befehlen auszuführen, ohne sich mühevoll durch Unmengen von Webseiten der Weboberfläche klicken zu müssen.

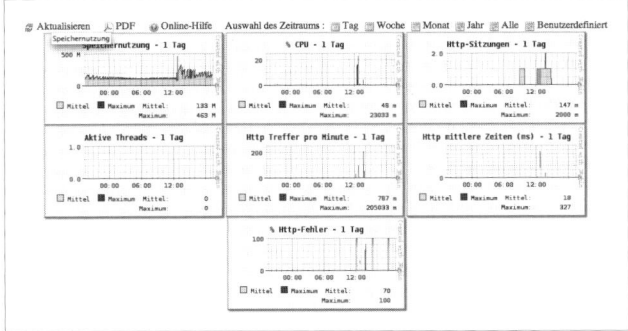

Abbildung 12-4: Monitoring-Plugin

Damit Sie Zugriff auf dieses Interface, in der Kurzform CLI (Command Line Interface) genannt, erlangen, müssen Sie den Server über eine spezielle *.jar*-Datei ansprechen. Diese können Sie über die Weboberfläche herunterladen, indem Sie nach *Jenkins verwalten* navigieren und unter dem Punkt *Jenkins CLI* den entsprechenden Link anklicken. Nachdem der Download abgeschlossen ist, können Sie sich über den Befehl

```
$ java -jar _jenkins-cli.jar -s http://localhost:8080/ help
```

in der Kommandozeile Ihres Betriebssystems eine Liste von möglichen Funktionen einblenden lassen.

WARNUNG

Beachten Sie den Dateinamen des Downloads. Im Web-Interface wird die Datei *jenkins-cli.jar* genannt, tatsächlich beginnt sie allerdings mit einem Unterstrich. Weiterhin gilt das obige Kommando nur für den lokalen Rechner und Port 8080. Sollten Sie Änderungen vorgenommen haben und nicht mehr den Standard-Port verwenden, müssen Sie den Befehl entsprechend anpassen.

Über die *help*-Methode erhalten Sie genügend Informationen, um sich mit den einzelnen Befehlen näher vertraut zu machen. Als kleines Beispiel möchte ich nur das Bauen eines Jobs anführen, welches über das folgende Kommando initiiert werden kann.

```
$ java -jar _jenkins-cli.jar -s http://localhost:8080
build JOBNAME
```

Dies startet den Build-Vorgang, allerdings werden keine Ausgaben wie Lognachrichten und Ähnliches, wie Sie es vom Web-Interface gewohnt sind, angezeigt – diese sind ausschließlich über die Weboberfläche verfügbar.

Speicherprobleme

Java ist allgemein leider nicht gerade für sparsame Programme bekannt. Auch Jenkins-Server bilden hierbei keine Ausnahme. In den meisten Fällen sollten Sie, vor allem am Anfang, keine Probleme mit *OutOfMemory*-Fehlern haben.

Wenn Sie im Laufe der Zeit dennoch einen solchen Error erblicken, geraten Sie nicht sofort in Panik. Meist kann dieses Problem relativ schnell und ohne viel Aufwand behoben werden. Im Grunde tritt dieser Fehler in zwei verschiedenen Varianten auf. Zum einen kann es schlichtweg passieren, dass Ihrer Jenkins-Instanz nicht genug Arbeitsspeicher zur Verfügung steht. Der Java-Runtime wird eine bestimmte Menge von Arbeitsspeicher zugesagt, die sie je nach Anforderung ausnutzt oder nicht. Verfügt die Laufzeitumgebung allerdings über 512 Megabyte RAM und kann aufgrund von anderen Programmen oder zu wenig Hardware nur auf 400 zugreifen, führt dies zu dem besagten Fehler. Dies kann nur behoben werden, indem Sie den Verbrauch der anderen Programme analysieren und versuchen, »Speicherfresser« zu entlarven oder einfach mehr Hardware in Form von Arbeitsspeicher zur Verfügung stellen.

Die zweite mögliche Art von Speicherproblemen tritt auf, wenn Jenkins innerhalb der Java-Runtime auf mehr Arbeitsspeicher zugreifen will, als der Umgebung zur Verfügung stehen. In einem solchen Fall kann das Limit der Java-Umgebung nach oben gesetzt werden, um das Problem zu umgehen, natürlich je nach Möglichkeiten Ihrer zur Verfügung stehenden Hardware.

Um dies zu realisieren, müssen Sie Anpassungen an der Konfigurationsdatei des Servers vornehmen. Öffnen Sie dazu die entsprechende Datei, wie in Kapitel 2 *Einrichtung* beschrieben und suchen Sie den Wert -*Xmx*. Unter Linux finden sich zum Beispiel die folgenden Zeilen:

```
# arguments to pass to java
JAVA_ARGS="-Xmx256m"
```

Und äquivalent dazu unter Windows:

```
<arguments>-Xrs -Xmx256m ...
```

Ändern Sie nun den Wert 256 zum Beispiel in 512, um der Laufzeitumgebung 512 Megabyte RAM zur Verfügung zu stellen. Eventuell ist der Wert noch nicht in Ihrer Konfiguration vorhanden. In diesem Fall müssen Sie das Argument nachträglich hinzufügen.

Alternativ können Sie den Xmx-Parameter auch direkt auf der Kommandozeile übergeben, falls Sie den Jenkins-Server über diese starten. Das gleiche Ergebnis wie oben können Sie über den folgenden Befehl erreichen:

```
$ java -Xmx512m -jar jenkins.war
```

WARNUNG

Bei der zweiten Variante gilt das Limit nur, so lange diese Jenkins-Instanz über dieses Kommando läuft. Nach einem Neustart sind die übergebenen Einstellungen dahin.

Wie Sie sehen, können Speicherprobleme relativ einfach umgangen werden. Sie werden, je größer die Auslastung Ihres Servers im Laufe der Zeit wird, an den Punkt kommen, an dem Speicher zur Mangelware wird. Erhöhen Sie aber nicht sofort die verfügbaren Ressourcen, sondern überlegen Sie vorher, welche Optionen Ihnen bereitstehen. Eventuell macht es strategisch gesehen für die Zukunft mehr Sinn, auf verteilte Builds mit mehreren Servern zu setzen. In jedem Fall bietet der CI-Server Ihnen Möglichkeiten an, um diese Art von Schwierigkeiten zu beheben.

Remote-API

Über eine Remote-API ist es möglich, verschiedene Informationen abzufragen, Builds zu starten oder Jobs zu erstellen und zu kopieren. Es stehen Ihnen drei Typen für den Zugriff der API zur Verfügung: XML, JSON und Python. Da es sich um eine REST-basierte API handelt, können Sie diese sowohl einfach über den Browser ansprechen als auch über jede Programmiersprache, die über die Möglichkeit eines REST-Aufrufs verfügt.

Eine Übersicht der API-Optionen und -Funktionen erhalten Sie, indem Sie die URL Ihres Jenkins-Servers aufrufen und den String »api« anhängen:

```
http://jenkins.domain.tld/api
```

Für Build-Queue und Statistiken bietet Jenkins, wie im obigen Link beschrieben, eigene APIs an, die über die URL *http://jenkins.domain.tld/queue/api* beziehungsweise über *http://jenkins.domain.tld/overllLoad/api* erreichbar sind. Auch wenn die Möglichkeiten entsprechend mächtig und komplex sind, werde ich im Folgenden nur ein kurzes Beispiel der Verwendung aufzeigen, da die Remote-API nicht zwangsläufig für den Betrieb eines CI-Servers benötigt wird und den Rahmen des Buchs sprengen würde.

Das folgende Beispiel nutzt das Kommandozeilenwerkzeug *cURL*, das über Bindings in vielen Programmiersprachen, darunter PHP, Ruby und Java, verfügbar ist.

```
$ curl http://jenkins.domain.tld/job/Projekt1/build
```

Wie unschwer zu erraten ist, forciert dieser Befehl einen Build des Jobs »Projekt1«. Wenn Sie einen neuen Job erstellen möchten, müssen Sie die entsprechenden Daten im JSON-Format übergeben, das ebenfalls von cURL unterstützt wird. Außerdem muss es sich bei solchen Arten von Requests immer um POSTs handeln, da Jenkins die Daten sonst nicht korrekt verwenden kann. Weitere Informationen zur Remote-API und den zur Verfügung stehenden Parametern finden Sie im Jenkins-Wiki unter dieser Adresse:

http://wiki.jenkins-ci.org/display/JENKINS/ Remote+access+API

Groovy-Konsole

Die Groovy-Konsole erreichen Sie unter *Jenkins verwalten → Skript-Konsole*. Sie können diese verwenden, um beliebige Groovy-Skripte direkt vom Browser aus auszuführen, um zum Beispiel auf Fehlersuche zu gehen. Dieses Feature richtet sich eher an sehr fortgeschrittene Nutzer mit Groovy-Erfahrung und wird deshalb nicht näher in diesem Buch erläutert.

Sollten Sie dennoch Interesse an dieser Möglichkeit haben, kann ich Ihnen die entsprechende Wiki-Seite empfehlen, die auch einige Beispiel-Skripte beherbergt:

http://wiki.jenkins-ci.org/display/JENKINS/
Jenkins+Script+Console

Abschluss

Ein Großteil der möglichen administrativen Operationen wurde in diesem Kapitel beschrieben oder zumindest angesprochen. Mit diesen Informationen sollten Sie in der grundlegenden Verwendung des Servers keine Probleme haben. Sie haben neben der eigentlichen Administration noch einige fortgeschrittene Aspekte wie Log-Rekorder, Nutzungsstatistiken und die Remote-API kennengelernt.

Wenn Sie wider Erwarten auf Probleme stoßen sollten oder keinen Weg finden, bestimmte Aufgaben und Einstellungen umzusetzen, möchte ich Ihnen die folgenden Anlaufstellen nahelegen, die Ihnen meist sehr schnell helfen werden, das Problem zu lösen:

- Offizielles Wiki: *http://wiki.jenkins-ci.org/display/* *JENKINS/Home*
- IRC-Chat: *#jenkins* auf *chat.freenode.net*
- Mailing-Liste: *jenkinsci-users@googlegroups.com*
- Bugtracker: *https://issues.jenkins-ci.org*

Index

A

Active Directory 138
Amazon EC2 152, 158
AMI 159, 160, 161
Android 100
Ant 11, 56, 80, 106, 111
ANT_HOME 82, 83
Anzeigefilter 170
Apache 29, 30
Arbeitsbereich 68
Authentifizierung 182
Autorisierung 182
AWS Management Console 153

B

Backup 172, 173
Balkendiagramme 70
Benutzerverzeichnis 24, 176
Bugtracker 192
Build löschen 63
Build unbefristet
        aufbewahren 63
build.xml 84, 85, 87, 88
Build-ID 92

C

Capistrano 116
Charts 72
Chat-Bot 99
Checkout-Strategie 51
Claim-Plugin 136

CLI 187
Cloud Computing 9, 152, 158
Code Sniffer 66
Codequalität 14, 64
config.xml 41
Continuous Integration 9, 14, 15
CPAN 112
Cronjob 37, 38, 39, 54, 55,
        172, 175
Crontab 166
CSV Plots 76, 77
cURL 174, 191
CVS 10, 50

D

Deployment 106
Diagramme 72
Downgrade 170

E

Eclipse 101
E-Mail Benachrichti-
        gungen 32, 58, 96
Email-Ext 96

G

Git 38, 93, 106, 113, 135
Git Plugin 135
Git-Commits 93
GlassFish 175
GMail 32

Graphen 70
Green Balls 134
Groovy-Konsole 191
Growl 102
GZip 172

H

HTML Publisher 69, 70
HTTP 103

I

Instant Messaging 99, 137
iOS 100
IRC 99, 192

J

JAAS 175
Jabber 99, 137
Jabber-Bot 137
JAVA 189
Java 10, 15, 17, 20, 29, 33, 36,
        38, 39, 57, 62, 80, 91, 101,
        102, 106, 122, 131, 141,
        146, 147, 149, 151, 152,
        163, 183, 185, 186, 187,
        188, 189, 190, 191
Javadoc 57
JavaPath 151
Jelly-Skript 96, 97
JNLP 146
Job-Template 40
JSON 102, 174, 175, 190, 191
JVM 151

K

Key Pair 155
Knoten 144
Kombinationsfilter 124
Konfigurationsdatei 28
Konfigurationsmatrix 123
Konsolenausgabe 61, 62

L

Laufzeitumgebung 189
LDAP 138, 176, 181
Legacy-Autorisierung 180
Listenansicht 171
Logger-Typen 184
Log-Rekorder 182, 184

M

Mailing-Liste 192
Matrix-Zugriffs-
        steuerung 180, 181
Maven 11, 36, 56
Mess detector 66
Metriken 64, 69
Monitoring 186
Multikonfigurationsprojekte 122

N

Nachgelagerter Build 58
Nightly Builds 54, 60
Notification Plugin 102, 174
NotifyOSD 102
NTLM-Authentifizierungs-
        schema 33
Nutzungsstatistiken 185

O

Open Source 15, 16, 18
OpenID 139
OutOfMemory 188

P

Parametrisierte Builds 45
PEAR 112
Phing 94
PHP 191
PHPLoc 73
PHPUnit 89, 90
Plots 69, 70
Port 28, 29, 30, 177
Projektbasierte Sicherheit 181
Proxy 31, 33, 133
Publizieren 69
PyPi 112
Python 190

R

Rechtevergabe 179
Remote-API 190
Repository Browser 52
REST 15, 190
reStructered Text 67
RSS 98
rsync 106, 109, 111, 172
Ruby 191
RubyGems 112
Ruheperiode 47, 48, 55

S

SCP 107, 108
Script Security Realm 179
Servlet-Container 175, 176, 180
SFTP 172

Sicherheitsmatrix 27, 175
Skype 99
Slaves 145
SMS 99
SMTP 31, 32
Speicherprobleme 188
Sqlite 175
SSL 32, 33
Standardendung für E-Mail-
    Adressen 32
Subdomain 30
Subversion 50, 51
Systemlog 183

T

Tags 60
Tar 172
Task Scanner-Plugin 135
TCP 103
Template Project-Plugin 139
Testergebnisse 58
Tomcat 175
Touchdown Builds 125
Tray Application 101
Twitter 12, 104

U

UDP 103
Umgebungsvariablen 166
Updates 168

V

Versionsnummer 172
Versionsverwaltung 48, 50, 56
Verzeichnisstruktur 24
Virtual Host 30
Vorkenntnisse 10

W

War   29, 169
Weboberfläche   24
Wiederherstellen   169
Wiki   12, 192
WinAnt   82
Windows-Service   148
Workspace   24
Wurzelverzeichnis   24

X

XML   175, 190
Xmx-Parameter   190
Xpath   73

Z

Zeitleiste   63
Zip   87
Zugriffssteuerung   26, 180
Zugriffsverwaltung   26

Unser Programm

O'Reillys Tierbücher

Neben der Taschenbibliothek, die Sie gerade in Händen halten, bietet O'Reilly ein umfangreiches Programm an umfassenden Titeln zu nahezu allen IT-Bereichen an. Nach Ihren Erfahrungen mit unseren kleinen versuchen Sie es doch auch mal mit unseren großen Tieren.

➜ *www.oreilly.de/catalog/prdindex.html*

O'Reillys Kochbücher

Sie suchen nach den richtigen Zutaten, um ein Programmier-Problem zu lösen? Dann ist ein Kochbuch von O'Reilly genau das Richtige für Sie! Kochbücher sind lösungsorientierte Ratgeber mit dem unverkennbaren Aufbau »Problem – Lösung – Diskussion«. Jedes Kochbuch enthält Hunderte von Skripten, Programmen und Befehlssequenzen, die bei der Lösung handfester Probleme hilfreich sind.

➜ *www.oreilly.de/cookbooks/*

O'Reilly von Kopf bis Fuß

Lernen widerfährt einem nicht einfach so. Lernen ist etwas, was Sie tun. Lernen heißt, neue Gedankenwege zu begehen, Brücken zwischen vorhandenem und neuem Wissen zu schlagen, Muster zu erkennen und Tatsachen und Informationen in Wissen umzusetzen (besser noch, in Erkenntnis). Diese Lernphilosophie haben wir in einer Buchreihe umgesetzt – lassen Sie sich von Kopf bis Fuß begeistern!

➜ *www.oreilly.de/headfirst/*

o'reillys basics

Sie suchen eine verständliche Einführung in ein Thema, wollen aber keine Zeit mit Trivialem vergeuden? o'reillys basics sind fundierte und doch kompakte Einführungen für all jene, die schnell das Wesentliche über ein Thema erfahren wollen. Im Mittelpunkt stehen reale Aufgaben und praxistaugliche Lösungen: Wissen, das Sie sofort praktisch anwenden können, verständlich und nachvollziehbar beschrieben.

➜ *www.oreilly.de/basics/*

O'Reillys Taschenbibliothek
kurz & gut

Java
Robert & Patricia Liguori, 200 Seiten, 2008, 9,90 €
ISBN 978-3-89721-546-7

Der ideale Begleiter für gestandene Programmierer, um z.B. Modifizierer, Exceptions und Bibliotheken nachzuschlagen. Er enthält zusätzliche Informationen zur neuen Java Scripting API, zu Tools von Drittanbietern und Grundlagen von UML. Behandelt Java 5 und 6.

Eclipse IDE, 2. Auflage
Ed Burnette & Jörg Staudemeyer 160 Seiten, 2009, 9,90 €
ISBN 978-3-89721-552-8

Bietet einen Überblick über die grundlegenden Konzepte und Funktionen der Eclipse IDE. Erläutert Views, Editoren, Perspektiven und Menüs und die Arbeit mit Debugger, JUnit, CVS und Mylyn. Zahlreiche Tipps und Tricks, wie sich Abläufe vereinfachen lassen, sowie ein kleines Eclipse-Lexikon runden das Buch ab. Es basiert auf der Version Eclipse 3.5.

C# 4.0
Joseph Albahari & Ben Albahari, 248 Seiten, 2010, 12,90 €
ISBN 978-3-89721-560-3

Wer schon mit Java, C++ oder einer früheren Version von C# vertraut ist, trifft mit C# 4.0 – kurz & gut die optimale Wahl: Kein anderes Buch und keine Online-Ressource bietet so viel Inhalt auf so wenig Raum.

LINQ
Joseph Albahari & Ben Albahari, 176 Seiten, 2008, 9,90 €
ISBN 978-3-89721-547-4

Dieses Buch liefert Ihnen alle notwendigen Konzepte und Details, damit Sie sich LINQ schnell aneignen können. Haben Sie erst einmal damit begonnen, LINQ anzuwenden, dient es als handliches Nachschlagewerk für den Programmieralltag.

SQL, 2. Auflage
J. Gennick, 208 Seiten, 2007, 9,90 €
ISBN 978-3-89721-522-1

Stark erweiterte und aktualisierte Neuauflage, bietet knapp und präzise die wichtigsten Informationen zu SQL und deckt neben Oracle Database 10g Release 2, IBM DB2 8.2, Microsoft SQL Server 2005 und MySQL 5.0 nun auch PostgreSQL 8.1 ab.